费孝通选集
（纪念版）

伦市寄言
重访英伦

费孝通 著
张 喆 主编

重庆出版社

图书在版编目（CIP）数据

伦市寄言 ； 重访英伦 / 张喆主编 ； 费孝通著. 重庆 ： 重庆出版社， 2025. 7. -- ISBN 978-7-229-20191-3

Ⅰ. K956.19

中国国家版本馆CIP数据核字第20250PL503号

伦市寄言　重访英伦

LUNSHI JIYAN　CHONGFANG YINGLUN

张喆　主编　费孝通　著

策划编辑：范婉欣
责任编辑：秦　琥　范婉欣
责任校对：刘　艳
装帧设计：刘　尚

重庆出版社 **出版**

重庆市南岸区南滨路162号1幢　邮编：400061　http://www.cqph.com
重庆出版社有限责任公司品牌设计分公司制版
天津淘质印艺科技发展有限公司印刷
重庆出版社有限责任公司发行
全国新华书店经销

开本：787mm×1092mm　1/32　印张：6　字数：103千
2025年7月第1版　2025年7月第1次印刷
ISBN 978-7-229-20191-3

定价：42.00元

伦市寄言

重访英伦

伦市寄言

“到实地去”是我们认为最正确的求学之道。

本刊三年的回忆

离现在已有三年多的一个晚上，暑假快完，初秋将届的时节。我们几个朋友在杨开道先生的家里，吃过了夜饭，不知是谁提出了一个兴奋的问题：我们有什么方法能多得到一些认识本国社会的机会？大家整天在图书馆里，在课堂上听到的无非是不关痛痒的西洋社会事实和议论纷纭莫衷一是的社会理论，谁都有些不耐烦起来。就在这晚上我们提出了一个社会通讯研究的办法。我们这时以为在社会上富有生活经验的人若能得到研究的方法，一定能供给我们很丰富的事实报告。我们是有方法而没有经验，他们是有经验而没有方法，若二者之间能筑一顶桥，事情就得了。当时，我们就拟出了一个通讯研究的办法，借《大公报》的《社会问题》发表了。

在那时候，我记得关于社会学的副刊，除了《社会问题》之外，还有一个《社会思想》在《益世报》上发行。我们觉得在没有充分事实的根据而谈“问题”及“思想”不免太空虚。但是我们又不愿意在“问题”及“思想”的招牌下来做极干燥单调的事实记载。因之，在晨报另立了一个园地，直接称作《社会研究》。而且在发刊词里我们郑重声明，希望读者不要希望我们有什么动人的言论，我们只供给一些研究的方法和各地实况的记录。为了要和各地对于社会研究有兴趣、可以接受我们方法上的指导，而发表实地生活情况的朋友们取得联络，所以推定了兆临专司编辑和通信的责任，同时我们更借此机会，每星期定期集会，成立了一个没有章程、没有规则的社会通讯研究社。

不久，我们就发现了通讯的办法行不通。社会研究单靠兴趣是不够的，研究的方法更不是几篇零散的文章及简短的通讯所能传达。第一需要有一个正确的观点，第二需要做有系统的观察。这时我们自己观点还没有拿稳，又没有实地观察的机会，于是在"社会研究"的名称之下，只做了些极平常的方法论及社会学观念的介绍而已。这一年中最好的成绩也许是要算庆堃到邹平实地去研究市集组织，但是他的材料并没有在本刊全部发表。他研究邹平的市集是大部分用区位学的方法来发现在地域上所表现的社会基本的经济活动。他这种实地观察的方法给其他朋友们极大的兴奋。"到实地去"的口号就在这时普遍地深入了我们的队伍里了。

这一年的工作，虽没有表面的成绩，但是，在错误中我们已学得了乖。同时，我们得到了许多师长和朋友们的同情而加入合作。所以在第二年的开始，我们改组了社会通讯研究，直称作社会研究社，又推举了吴文藻先生做我们的领袖。阵容一新，大家希望很大，但是就是在这时候，我们的健将庆堃和安宅相继离国，实力不免稍减。

在第二年中，我们已从零星片断的介绍文字进入确定我们研究对象、观点、方法等基本问题，“社区研究”这四个字开始成了我们的招牌。我们虽用“社会研究”的老名称，但是我们已从抽象的“社会”走到了具体的“社区”。现在已经给国内社会学界所接受的“社区”一词，就诞生在这一个小小的刊物之中，我们的对象是一地方人民生活的具体表现。我们既捉住了人、地、文三角的结构，以前所用的区位学方法自然是不够了。于是我们接受了“功能”的观点来对付整个社区的结构和活动。这些结论详见吴文藻先生的几篇关于“社区研究”的文章中。社区研究不是空谈，须我们来实做的。这一年中耀华在福州的义序开始了一个实地研究。他是研究这个“氏族村落”的家族结构。研究的结果尚未发表。

到第三年我们觉得若不多多做实地研究，我们所说的也要成了一种高调了。社会学中高调已经太多了，我们何必加一份呢？于是我们决定除了训练将来可以实做的人外，凡是有机会的，大家下乡去。这时出发工作的有泰初到山东和同惠及我自己的到广西两路。广西的工作在最大的不幸中结束，同惠也就为这工作牺牲了。但是她的生命却换来了一个社区研究最先的实例和许多朋友们奋发的精神。泰初的汶上教育证实了我们的观点和方法不但只能用以研究狭义的“社会学”的领域，而可以及于一切社会现象。《花蓝瑶社会组织》及《汶上县的私塾组织》结束了我们的第三年。

在第四年开始的时候，我自己在开弦弓村完成了初步的研究，有义出发山西，耀华出发福建，泰初出发河北。“到实地去”已不复是一句口号，是我们行为的纲领了。

在这时候我们不妨回头看一看。虽则他们现有的成绩是浅薄得可怜，但是我们也不必否认这三年中，每年都有相当的进步。一方面可以安慰我们已死的同工，并给在实地工作的朋友努力的勇气，一方面却愿意我们的朋友大家深深的记着我们离着目标尚远，我们有为研究中国社会树立基石的责任，现在我们还是空言多于成就，我们还没有以事实来证实我们签出的支票是可以兑现，而且，更使我常常发忧的就是如何能维持及发扬我们过去三年朋友中奋发团结的精神，不问收获，但问耕耘的态度。

最后我愿意再提出一些今后我们应做的工作和方向，以作大家讨论的基础。无疑的我们要坚持我们“到实地去”的纲领。但是这还不够，因为以过去的成绩来说，各人在实地的研究并没有打通一片。大家好像可以独自工作不相关切一般。这一点我认为是个应该改革的弊病。换一句说，我们只注意一地社会制度间的关联是不够的，我们在“功能”之外尤须加一个“比较”的观点。譬如说，在瑶山中我们见到严密的人口限制和他们的婚姻制度的关系，就可以用这结论来做考察新社区时的假设。在开弦弓人口限制没有瑶山那般严格，为什么？反映于婚姻制度上是什么样？这样比较着看我们逐渐可以得到一些普遍的概念，而确定人口限制和婚姻制度的关系。而且在引用比较方法时，我们可以逐渐介绍国外社区研究的结果。好像澳州 Trobriand 岛土人中父子之爱和母系制度的冲突正可用来和我们父系制度中父母对儿女的感情和婚姻礼俗的关系之相对照。这样，我们可以逐渐建筑我们实验社会学的基础。这种社会学我相信不但在学术上有它的贡献，对于实际社会工作也一定有极大的帮助。

1936年11月1日于溪田公园

关于《动变中的中国农村教育》的通讯

泰初：

昨晚从比京返此，得到你寄来的《动变中的中国农村教育》。几天旅途的疲乏都给它赶跑了。我靠炉火，忘情地翻读，我真“忘记了……”你是“在天边的那头”，孤独地躺着，我感觉着一种安慰，你报给了我春天的消息。昨晚你若做梦，准会听见我跳跃的脉搏，我羡慕你们，什么时候，我再能在原野中尝那木床淡饭的滋味？

昨天上午我在比京的市政厅前的广场上，我的朋友指着易拉门式的巨厦，说以下的一段故事：“这楼成的一天，在万民欢庆当儿，突然传出了一个惊人的消息，造这楼的工程师，从屋顶上跳地自杀了。他自杀的原因是因为正门的中点没有对准高耸的塔头。这一点过失，使他忘记了他所贡献于人类的伟业，自觉是一个罪人地不愿再见此世了。”我默默地听着，回答我朋友说：“所以自己决不是裁判者！”

你在送我的书上，写着“请你尽量批评，尽量骂”。我却有些踌躇，我虽不是你自己，但是我对于这本书却已黏着了感情，有如我自己的一般，叫我说什么呢？由此我却想到了一个问题，就是我们做一件事真是没有裁判的么？有的，而且不待死后，不待末日，就在这世界上，在人类的战争中，在存亡生死的决定里，每个人的成就失败会得到它清楚，明白，切实，身受的判决。泰初，我们可以藐视一切言语上的称扬和辱骂，但是不能忘记事实的征验和效果。

我们现在所提出的社会科学的发展方向，其实是极简单的，就是我们要一个综合的、实地的、对于本国的文化现象的认识。综合的是和分科专门的、各不顾各的、偏面的相反；实地的，是和凭空的捏造的、抄袭的、不足考实的、雇用“劳工”间接搜集的相反；对于本国的是和对于外国的相反。最后一项是暂时的矫正，因为现有所谓“社会科学”是洋牌话匣子，在文章上可以引证一百个外国例子，而一句都没有提及问题所在的本国。我们要外国材料，不过是做比较之用，着重还是“自己”。

这个观点，这个方向，有没有价值，不必求诸“言论”，而在看我们从这个观点中所产生的研究收获是不是民族生存上必需的知识？有它无它是不是无关宏旨？是不是把握不住时代的动荡？是不是不值青年人用生命和世俗的幸福来换取的？这些问题，我希望将来会有最后的裁判者。我的批评或我的骂是无足轻重的。

你现在还是在原野中，我希望你能注意到几个在这本书中没有充分注意的问题。你在这书中虽则屡次说起私塾和洋学竞争中的胜负，是出于所造成的学生在思想上行为上的差别，而洋学造下的形式是不能适合于农村一般的社区组织。这是全书中要点之一，但是我觉得那个命题还不够充分的证实，所谓 unsufficient documentation，要证实这命题你还得注意到学生，尤其是毕业生，在社区活动中的地位，因为这命题的重要，所以你不能单单轻描淡写地好像说："历来出外读书的子弟，毕业后都不愿回家，认为乡间是一条死路。"这一句话最好就举出个例来，尤其重要的就是去找洋学毕业生谈话，他不能调适于原有文化者在什么地方？何以不能适应？譬如有时他的看不起长老，并不是出于洋学教员的"教育"，而是出于他"入学"本身获得新的身分。这新的身分是哪里来的？有了这身分，他可以有名目来不遵守旧有的习俗，因之而引起社会的反感，由此而反对到洋学本身。这不过是一个可能假说，在实地中就可用事实来校核它，而假说的本身应当就是过去观察的结论，譬如，我在我调查的地方见到两个由外头中学毕业的学生。他们穿的衣服是半洋装，有一个戴了眼镜，这就是他们可以因有“学生”的资格而不遵守通行的装束，而他们所具的殊异性，如半洋装，眼镜等本身就是他们新身分的标记，普通人对他们的态度亦是可以注意，因为身分本身就是相互间的态度，即以他们的母亲说，“这两位洋学生的父亲都没有了”对他们都是极顺从的。譬如，我到一位学生家里去时，他母亲就对我抱怨说他孩子太用功，天黑了还是念书，病了也不休息。她劝不理，要我劝劝他。这是一件小事，可是从此可以找到母亲的命令对于孩子行为效率的减弱。这种减弱很可能使这辈洋学生不受社会裁制而发生和习惯相反的行为！我不嫌烦腻的指出这一点，一方面想说明什么叫“证实”（当然我所用的材料证实力还很薄弱），一方面想说明单在学校中去研究教育（即说是狭义的学校式的教育）亦是不够的。

我读完了你全书之后，我想像到你在实地工作时，一定因为种种事实上的困难，大半是费在学校本身的视察，而缺少住在一个村落中做较长期整个生活的观察，这点好像我是曾和你说过的。问题本身是综合的，我们去了解它也非综合的入手不可。对于第四页末尾讨论研究范围的一节，我亦因之不能和你同意。第一，你用社区来和县府对称是不妥的。县府对称的是村落，县府村落都是社区，社区是一个普通名词，是指：有人民在文化中生活的地域。第二，你说私塾可以用社区作单位，而洋学非得拿县作单位这句话语病很多，你的意思，其实也许是私塾活动的范围是村落，洋学活动的范围因行政系统的结构是县府。这也不很确切，因为私塾既受县府的统制（至少是名义上），和洋学相比较，它们和县府关系亦只是程度上的差别。第三，你曾有两次提起人类学的研究和私塾的研究或教育的研究相对称。在我个人看来也是不妥的，人类研究的领域虽则各人所见不同，也许不必求同，但是我们不妨把“人类学”三字暂时放一放，而采用一新名词来指我们所说的“综合的、实地的、本国的文化研究”作“社区研究”。这名词的好处和意义已有吴文藻先生几篇文字的解释，我想大家一定是明了了。教育，是社区研究中的一部分，亦是了解一社区活动所不能少的一部分。私塾，洋学是教育制度化的一部分。我的分类法不知你同意不同意。

还到综合研究的一点来说，我们认为社区研究的长处就是阐明人类生活各节的关联。你对于这方面，我知道已尽你可尽的力。但是真的要拾得要处，关联的发现，综合的研究，都是须在一较小区域中做较久及亲密的体悉。多走路，多看码头是不成的。我知道你事实上的困难，可是亦希望你能见到这点，将来可以有机会再干。当然，接下来，我又得说若是你去限制自己只研究教育生活，或甚至制度化的教育生活，在一小区域中的工作会使你单调而厌烦的。惟一的补救就在推广你的兴趣，使你不肯放松文化任何一角中所表现给你看的戏法。在观察时决不宜有任何自限的范围，不是答问题式的找材料，而是“开怀畅饮，非醉不止”。在整理材料，编印专刊时，不妨一方面一方面地分开叙述。而这是整个一方面，而不是整个的一部分。

在洋学一部里，你也因之遗漏了一部分重要的事实，就是人家会问你：照你说洋学这样不受人欢迎，这4699个学生是从哪里来的，是不是有这么多“注重实利”的父兄会干这收不到利的营生么？这问题你虽有一二地方附带的回答过，可是也因为你没有机会去观察这些儿童的家庭生活，所以所有论据亦没有“充分征实力”。学生在学校之外，在入学之前，在出学之后对于学校制度本身的形式和功能，都是有直接关系，但是这些材料不是在学校里所可能得到的。

写就写了不少，我想你不在等我的恭维，所以也不必多说了。我指出的几点对于本书的价值是没有多大的关系的，比了比京市政厅的垂线不合更小得多，希望你不要跳楼，更不要投湖，虽则我已知道你“不怕冰冷”了。燕京的湖面，冰尚未解吧？可惜我们相离太远，不然，在你书印出之日，我准同你痛饮一宵，德国啤酒不坏，可惜你们不在。

1937年1月11日于伦大图书馆

关于实地研究

安仑：

得到你决定去金门做实地研究的信，我很兴奋。本来就该复你，却为了赶回来开学，旅途匆忙总没有写成，直到现在。

“到实地去”是我们认为最正确的求学之道。这一点也许和我国传统的见解不十分相合。以前的学者认为学问是在书本上，这种见解有两点是不很正确的。第一点，他们假定我们所需的知识是已经为前人所获得；第二点，他们假定前人所获得的知识是已经写在书本上了。我们若不能接受这两个假定，自然应该另开新路。

实地研究包含着几个重要的意思：知识是人对于事物的认识，事物本身是常在变迁的，所以任何人类已有的知识却需要不住地修改和增添。获得知识必须和知识所由来的事物相接触。直接的知识是一切理论的基础。在自然科学中，这是已经不成问题，而在社会科学中还有很多人梦想着真理会从天外飞来。尤其是现在中国的社会科学，因为国外文字书籍的输入，以为靠了些国外学者在实地所得的知识，可以用来推想中国的情形。他们其实假定着文化到处相同的原则，而这原则本身在我们看来就是需要加以事实证明的。而且这假定根本就抹煞了加以详细研究的需要。若是我们一定要一个假定的话，不如先认为文化并不是到处都相同的。因为是不相同，所以我们要推究它不相同的地方，而同时亦不敢随意接受不是从本土事实中归纳出来的结论。这样，我们可以不必和人家争论中国文化现在是否尚是封建阶段或是半封建阶段。我们的回答是：且慢用外国名词来形容中国事实，我们先得在实地详细看一下。

实地研究和现在中国社会科学“问题式”的方法是不同的。我们的责任并不能解决问题而是在叙述事实。在我们的立场上看来，是没有所谓“人口问题”、“家庭问题”。我们所有的问题是“在一地方人口的数量有多少，组织如何，和他们家庭组织有什么关系等等”。每一个题目都可以引我们到事实的发现。至于“人口是太多么？如何可以改少它？”等等，我们是没法回答的，因为这不是客观事实，而是主观批评。我们不反对主观批评，但是这不是科学而是政见！在实地研究的时候，我们最好没有“政见”。不是去寻材料来证明“哪个办法是对的”，“哪个政见是不错的”。这样做去，你会在无意之中看不见许多事实。我们工作时须对事实本身发生兴趣。譬如我们发现在一乡村中有限制人口的现象时，不必去问“杀婴是好不好的？合不合人道的？如何可以减少这种现象？”我们可以注意的是：“他们每家的人口多少，每家的地多少，每人能种多少地，每人要吃多少米，一家的收支如何？他们对待杀婴的态度如何？杀婴的方法如何？他们知道不知道避妊的方法？他们的关系如何？他们的婴孩死亡率如何？……”

我在上次给泰初的信已说起，我们实地研究的工作最好不要限制自己做哪一部分的观察，好像他专门研究教育，耀华专门研究亲属，华节专门研究礼俗，这是我赞成的。上次信上我已提到若是自己限制了自己，我们只有到人家所谓“教育”、“亲属”、“礼俗”的范围而不知道这些制度的活动是和其他制度互为因果，互生影响的。例如我在开弦弓所见的童养媳，它是亲属制度中的一部分，但是要理解这种事实，我们不能不求诸他们人地的比率，经济上男女的分工（经济），婚礼的费用（礼俗），工作的学习（教育）等等，在我们工作时只有以整个对付整个，在整理材料及编写专刊时不妨一方面一方面的分开来，我希望你不必急功，但求完备！我相信你的性格在这方面比我强得多。

你到实地之后，一定会觉得茫无头绪，所以我供给你一些入手的办法，你找到了该地领袖人物之后，先得把你研究的目的说明，使他对于你没有怀疑。若是这地方你已有相当关系的，这当然容易办。第二步你可以说要调查各家的人数。若是他们已有保甲制度的那更方便。你可以拿了他们的名册，如可能的话，请领袖一同去复查一遍。在调查人口时，我们目的并不单是“调查”而已，这是一个“穿门入户”，和每家人家接触谈话的题目。在谈话中你可以问各式各样的问题。若是他们有个儿子在外乡的，你就可问到他为什么出去？多久了？他结了婚没有？太太带出去么？由显著问题慢慢的会问出你预料不到的事。于是你得到了线索，可以一直不放松的拉下去（不一定是当天问完，也不一定在一家问全，只是你把问题记在心上，一步一步的追究）。

等你全村人口查完，全村人也都认识了你，你也认识了他们。你研究的线索也有了。这时，不用我说，你会只觉时间不够，废寝忘食地醉在里面。但也有时，你躁急得利害，可是没有机会去观察去谈话。那时你不妨借这闲暇来整理一下自己的材料，甚至你好像要编写全书的工作。在整理中，在编写里，你会发现什么地方还没清楚，哪还有漏洞。若你另外用一本簿子把问题记下来，它准会比本文还多。这样一次一次的往深处走，虽则永远走不到自己会满足的地步，可是你的认识也愈来愈深刻了。

我随后将寄你一份“文化大纲”的表格，是我在课堂的记录。这表的用处是在叫你时时兼顾全局。哪处还没有注意，哪处还是缺漏。我希望你发生任何问题，有需要我们帮忙的，抽空写出寄来，我更希望以后我的《伦市寄言》都是和你们在实地研究者的通讯和讨论。但不知离了实地的人能不能帮助你们罢了。

1937年1月14日于伦大图书馆

“继替”

若是英国人的性格是稳重，他自然不赶新趋时，因之《美国社会杂志》*American Sociological Review* 不满周岁，这里“学院”图书馆是没有瞧在眼里的。这杂志是1936年2月创刊，到1937年2月底我才在书架上见着它。在我好像是新东西，在国内大概已熟见了吧。

这杂志装璜很素朴动人，淡绿色封面，深绿色的“天地”。在排满着黄色，蓝色的杂志架子上，它是决不会被过目的人所错失的。我说老实话，美国社会学家的文章已经好久不看，脾胃不很合，但是这有例外，这例外是老派克，老派克的文章很多人说难读，我却喜欢这紧凑、刻实、散散落落、梗梗有骨子的短篇，我不知听谁说老派克今生出不了整部书本，他的笔调就限制了他，我也这样想，他最配是作序。他有些像我们东方人。

那6期杂志中我只挑中了第2期老派克的*Succession, An Ecological Concept*一篇。非其他的文章不好，这只是我主观的胃口怪而已。老派克永远不给我失望的。上次在去年7月*American Journal of Sociology*上读到他的*Human Ecology*一文，余味犹在，这一篇小文又刻上我的心头。我当时立刻想：一定要写一篇《伦市寄言》介绍给朋友们大家共赏。可是我停下了笔，"succession"如何译法呢？翻译是件苦工，可是也有时在找字的时候，若逢到"那人已在灯火阑珊处"，也会有一种说不出的滋味。譬如以前的"社区"就给我们"抽了一口深深的气"，我这次选这"继替"两字来译succession些微也有一点同感。

老派克这篇小文目的就在说明succession的意义，

这字在人类学中给Rivers用成“父亲把他的地位传给儿子”的过程。在中文中统用“继承”来翻译inheritance、descendant和succession。不得已时有人可以把“继承”、“承继”颠颠倒倒的弄个花巧，若忠实些，只能“一字各译”的作“财产继承”、“世系继承”及“地位继承”。但是，老派克又来为难人了，他的succession所包含的意义，以我自己觉来，决不是“继承”两字所能传达，理由我也说不出，于是我想把它译作“继替”。他的意思是什么呢？我没有时间来把原文全译，只能从简述要地说明一下，若是这杂志在国内果已熟见，不妨看原文为妥。

他说这个概念是从W. Bagehot的《风俗的干壳》*The Cake of Custom*和A. Thompson的《生命网络》*The Web of Life*推陈出新的，风俗的干壳是指一种行为风吹雨打经久之后成了一片干壳结在风俗之中，若要改变它就能如刚出炉的烧饼般一击粉碎，生命的网络就是“欧洲的猫”向着印度的瘟疫以及本地的“三叶草”收成负责的故事，整个的生物世界是关联着，你从英国老太太喜欢养猫说起，猫捉老鼠，老鼠偷油，油从菜出……一直可以说到你有几个儿子，因为一切生物都在一个“网络里”任何一根线牵到任何其他一根线，可是这两个“好的名词”和“继替”有何关系呢?

让老派克自己说吧：“人和其他活的东西一般的织在达尔文所谓‘生命网络’之中，在某种地方，在某种情形下，这各种各类的生物的互相依赖状态得到了一个比较固定的结构，这一点在所谓植物及动物社区中是可以证验的。”

“在研究动植物社区中所见各个体各种类间的生物相赖性在人间亦存在的，人类社会中的竞争及生存奋斗是受着风俗及法律的限制。简单说来，人类社会看上去似乎是组织成两层，一是生物层，一是文化层。”

“我们可以把社会分作两种，一是组织于共生关系上 symbiosis，一是组织于交接及契洽关系上 consensus。可是，实际上这两种只是一社会的两方面。文化的上层是建筑在共生的下层基础上，在生物层所发生的活动足以在它的上层表现着种种比较精细及好看的花样……”

“在人类社会所有的经济竞争，如达尔文所见的，只是受了风俗成规的修改好了的生存奋斗。在另一方面来看，何异于动植物中的竞争呢？……”

“一个社会组织，不论是建筑在生物层或社会层上，只要它把各个人接拢在一比较亲密的集团中，就会加着限制、管束、指导等等在各个人的身上，我们若以动植物的社区是一种完全无政府自由地结合，则一切文化层上的结合总是包含着自由地剥削的……”

“使社会可能存在的适应或妥恰都是个体或各类生存奋斗中暂时的及片面的解决办法而已，它们都限制着自由。”

“一个社区比较固定在一结构中，竞争逐渐减少……

但是此处彼处发生着平衡的裂痕，倾向着颠覆这现存的秩序……在这一情形中，本来收住的能量和倾向，一旦放手，于是溃决下去，发生了一个亟变及紧张的时期，直到这周期圆满，新的生物及社会平衡诞生。”

这一片风俗的干壳在时代中敲破，另一片行为风化成干壳，这是“继替”的本意。“继替”是这“一放难收”的过程，是他所谓irreversible的过程，而且这是有一定方向，能在地面上一层层表现的过程，是从基本生物事实中宣泄出来的能力所推动的过程——这是“继替”。

就是这“继替”。我在那次论人口研究的通信中要提出的问题就是这“继替”，我在那论社会变迁中的通信中要说明如何去研究的问题，此间的关系留着给读者自己去填实吧！

1937年4月21日

论日历

兆临：

我喜欢你来信中的一节话："社会人类学（或我们的社会学）这门学问，因它近来长足的进展，自己意见的左右逢源，以至大家意见的巧合，这一切几乎使我要疯。"要疯的何止你一人。做人做到了"衣带渐宽"不叫回头，读书读到尼采的"疯有疯法"的时候，也够瞧了。

你在信中提到描写的技巧，正是我昨天寄出《显微镜下切片素描》的主题，我们的结论自然是最好没有的"巧合"。你说："要把文化生活写得生动逼真，这技巧我们非尽量学到不可，我们都太差，但我也决不放松‘条理明朗’。条理明朗并不一定以拿出generalization为条件。条理不明朗是小说，我们需要的是念时有小说的兴趣，念后有科学的理解，对不对。”我抄这一段话在这信中，希望能补充我上一次寄言没有说得透彻的意思。

“巧合”还不止于此，我前两个星期在整理开弦弓工作日历的材料时，想写一篇《空间和时间》的通信。因事一搁，谁知给你先用这题目写成了那篇精练的短论。真是“左右逢源”，我们在不同的“空间”会在相同的“时间”，不相约好的思想到同一问题；当然我不敢自充“高明”，可是读完了这篇短论，也到了“已至非吐一下不可的时候了”。

我发生这“日历”问题是在开弦弓实地研究时所得到的一个一时我弄不明白究竟的关键。研究时一旦发生视若矛盾的事实就是深入的希望了。问题是这样：从理论上说，一社区中对于时间的认识，reckoning time，是有规律生活节序的功能。这里涵着人的生活中有在时间中预先规划活动程序的需要，我们要预先规定正午吃饭，然后，饭堂里知道什么时候该生火，洗菜，煮饭，擦桌子；我们要预先知道火车什么时候开，然后我们可决定什么时候打包裹，辞行，启程。若我们再深入观察一下，很多时间上的认识是有生理基础的。好像一天我们总得吃几次东西，餐时虽因文化不同而异。可是没有地方没有规定进餐的时间的。又好像从出生到结婚，由结婚到生孩子，由生孩子到老死，在时间上的分节有关于生理基础更是显然。

可是问题从此发生。我们大家知道所谓“阴历”是以月亮的圆缺来决定。“月半”或“十五”总是月圆的时节。可是气候的循环并不依月亮的圆缺，而是依地球和太阳的关系。于是，很显然的，去年正月十二（从阴历）刚交春，今年正月十三春天早已先来了20天，假定我们农夫是以“阴历”来认识时间，来规划他们未来的工作程序，就会迟20天，结果不用说，他们的稻免不了吃亏，因为谷子没有结，天已降霜了。

若依我们这样的理论，又在开弦弓最初看到应用阴历的事实，不是大有矛盾之处？若不修改我们的理论就该详细再观察一下事实了，研究者的第一步自然是尽力去观察事实。

事情初看来好像是很简单的，可是一到身上就复杂起来，我最初是用“直接观察法”，哪一天他们去分秧我就在我日记上记下来。我的日记是用阳历的，为了我见到在开弦弓他们用阴历，于是我买了一本《国历通书》依着阴历把日子填上去，这方法的结果就发生了我上述的矛盾。我猜想在“阴历”背后一定还有一种日历在规律他们靠自然周期的工作。

于是我用了静听人家谈话的方法发现了一桩事实：凡是他们讲起农时，蚕时等，他们不说几月几日，而用

"清明"、"谷雨"、"秋分"、"霜降"等等名目，说来自然是怪惭愧的，我自己算是中国人，可是从没有注意到这些名目的意义，直到碰着这问题才好像获了至宝一般。我这事实是有凭据的，我离开了实地，依旧和当地的朋友通信，问长问短，一次我在记录中找不着他们"出外贩运"的时间，所以又写了封信去问，回信中有一段："我乡农民闲时，一年有两期：第一期是秋季处暑节到寒露节，有两个月……至寒露节后停止小贩……第二期农闲在冬季是大雪节后至阴历年底，有两个月时间……"

这一段话是最明白也没有了，时间的单位是"月"，而认识时间的节序是"节"。什么是"节"呢？如何算法的呢？我自己对于天文的知识很有限，可是我细细地把"通书"分析一下，这些节序的基础是很显然的，极正确是一种"阳历"，就是依地球和太阳的关系而决定的日历。地球绕太阳一周是365天又1/4，我们阴历中的节序一共有24个，每节在绝对时间上是相等的：是365小时又1/4，因为这数目不能把24除尽，所以有时是14天，有时是15天，也有时是16天。

问题分析到这里还是不够的。在开弦弓，我们看到有三种日历："阴历"、"阴历中的节"、"阳历"，这三种日历的功能有何不同？易言之，他们在什么情境中用"阴历"及什么情境中用"节"，又在什么情境中用"阳历"？

我在开弦弓的研究并没有结束，很多问题提出了还没有材料来分析答复，或是答复尚不能完全关于上列的问题，我只有几项假设：

节序是用在农业、蚕业中为主，但是，因为这村人民的主要生产工作是在农业及蚕业，所以节序成了他们生产工作的主要时间程序。

阴历，我指几月几日的意思，除了日常的往来外，应用最重要的是在"宗教生活"，初一、月半要上庙，七月七、十月十要祭祖。端午、中秋、重阳都是依阴历的大节，是欢乐的社会节日，只有清明是从“节序”中计算而用以作宗教生活中重要的日期。

阳历是只用于公文及他们的“制丝合作社”里。

依我这很简陋的分析，使我们发觉这“时间”和生活的关系是极有条理的。同时，我愿意说明我个人如何发现这问题，如何收集材料，如何分析的方法，我们常说“理论代工具”，这例很可以代表。关于理论的根据是出自B. Malinowski的*Coral Gardens and Their Magic*的第1卷第2部第一章。

读者读到了“隔年历本”本来是“疯”得可以了，何怪我过家乡时，我乳娘大大的失望，“奶了这一个书呆子，不上南京去，反而到乡下去，整天乱跑，放着洋书不念，读隔年历本”。也许她是对的。譬如，两年前我有勇气取笑政府下令禁止阴历，现在却看见农民早就用了阳历，话似乎更不容说了，就是这一个小问题，我愈来愈觉得自己的知识浅薄得可怜，还要整天“文化”、“文化”，依自己的心境来说，真是“自以为什么都读通了，上南京去”比较舒服得多。兆临，我们不但是“疯”也不幸成了“天之戮民”，叫我怎么不羡慕“太师椅”里的教授呢？

1937年7月28日

重访英伦

科学和工业造成了大英帝国，也是科学和工业使大英帝国式微和没落。

行前瞩望

这是痛苦的，麻痹了的躯体里活着个骄傲的灵魂。这痛苦也许曾降到过每个临终易箦的人的心头，只是僵化了舌头，挡住了这心情的泄漏。一个国家的弥留却不是这样容易解脱。呻吟里有字句，挣扎里有节奏。当我读到丘吉尔先生富尔顿的演词，怎能不发生无限的迟暮之感。

我是爱慕英国的。两年的英伦寄居，结下了这私心的关切。在战云还没有密盖到这岛国的上空时，徘徊在汉姆斯坦高地的树林里，野草如茵，落叶飘过肩头，轻风里送来隔岗孩子们的笑声，有的是宁静。一个成熟了的文化给人的决不是慌张和热情，而是萧疏和体贴。我爱这种初秋的风光，树上挂着果子，地上敷着秋收。可是英国的成熟却令人感到太仓促了一些，使人想起古罗马的晚景，在蔚蓝的地中海上，竟成了一座蜃楼。为了我对英伦有这一点私衷，未免起这忧心，尤其是当我接到新近从那边的来信，描写着劫后的伦敦，繁华中的废墟，这样地不敢令人相信。历史太无情，岂是真的又要重演一次帝国的兴亡轨迹？

煤，铁，水筑成的帝国

英国人有他们足以自骄的过去。罗马帝国除了寿命之外，有哪一点可以和大英帝国相比呢？当世界第一次大战发生的时候，大英帝国拥有1200万平方哩[①]的领土，满布全球，42500万的人口，占全人类的1/4。罗

①哩，英制长度单位，现写作“英里”。1哩约合1609米。——编者注

马帝国在领土上只有它的1/5，在人口上只有它的1/4。永远没有落日的帝国在文化、经济、武力上支配着整个世界。这雄飞宇内的帝国实在是历史上的奇迹，它发迹得这样的迅速！300年里长成的帝国竟如是的壮健，跋扈！300年前的大西洋，这滋养培植大英帝国的波浪，是西班牙巨舰纵横出没之区。渔人，海盗，亡命者蚁集的岛国，靠了海峡的天险，才能苟延残喘于强邻的姑息之下。他们怎敢仰首伸眉，问鼎欧陆？可是历史却挑中了这三岛，这海岸线最长、煤藏最富的三岛竟成了一个新世纪的摇篮。

“我们的帝国是无意中产生的。”英国人喜欢说这句话。至少在早年这是不错的。帝国的母亲，女皇伊丽莎白少女时没有敢做过诞生这贵子的美梦。她犹豫再三，不敢拒绝西班牙菲利浦的求婚。拒绝，那将是英国的灾难；不拒绝，那将是英国的屈辱。菲利浦的缺乏耐心解救了她的难题。1588年7月，历史转捩的日期，西班牙无敌舰队的132艘艨艟巨舰迫近了英国的海岸。这是一个谜，神风还是战士，击溃了这似乎是致命的打击？无论是出于什么原因，赔了夫人又折兵的西班牙白白地送出了一个永远收不回的礼物给这位帝国的母亲。海上霸权从此转移到英国手里，直到威尔斯亲王号在新加坡海外沉没为止，350年的帝国历史！

我愿意相信这三个半世纪的帝国繁荣，并不是出于哪一个人的擘划。谁能预先布置下这两个前后媲美的女皇，一个统治了45年，一个统治了64年？伊丽莎白，维多利亚，两个名字加起来岂不就等于大英帝国？当然，一个神秘主义的历史家可以面对这些巧合附会着阴阳盛衰的道理，一个靠着水德的帝国缺不了女性的君主，但是，帝国的基础其实却在比较而言极为平凡的配合上：煤，铁和水。伊丽莎白在无意中得到了水上霸权，维多利亚也在无意中得到了利用煤铁的工业霸权。

维多利亚刚庆祝过她18岁的生日，很疲乏地一觉醒来，皇位正在轻轻地打她的房门。她披着软绸的睡衣接受了帝国的宝座。这是1837年6月20日清早5点钟。这时候，科学已经把实用的技术带到了人间；瓦特的蒸汽机（1765），倭克瑞脱的纺锤（1771），卡脱瑞脱的布机（1785），富尔顿的汽船（1807），斯蒂文生的火车（1814），都已经替工业革命预备下一切必需的条件。维多利亚女皇坐上皇位时，英国12哩的多灵顿到斯多克顿的铁路已经通车。在她21岁生日的时候，电报也发明了。她无意地接受了科学的礼物。这礼物也出乎她意料地带给了她一个历史上最大的帝国。

科学的技术在铁和煤丰富的地区结成了工业。工业需要原料和市场。水上的来往是最便宜的运输，海外的原料从各处输入这19世纪的工业中心，工厂里制造出来的货物，又从水上运到了世界各地。贸易是帝国的主要活动，国旗跟着商业插上了羊毛产地的澳洲，棉花产地的印度，黄金产地的非洲海岸，水上霸权这时不只是帝国的光荣而且是帝国的财源了。谁能说英国不是在无意中产生了帝国？他们有意的是商业，无意的是帝国，可是从此帝国和商业又就分不了手。

帝国挡住了前程

19世纪的中叶，英国的商船已经在军舰保护之下，驶入了世界每一个港口，在事实上帝国已经成熟，尽管有小英国主义的格兰斯东拒绝收生，还是延迟不了它的诞辰。1876年春天，狄斯累利为英国购得苏伊士运河的翌年，又把印度女皇的冠冕加上了维多利亚的头上，似乎是无法逃避地走上了这命运已注定的路子。狄斯累利怎么不明白他给英国一个重大的担负，他又怎么不明白格兰斯东在耳边响亮的声音："这样的帝国是必然会瓦解的。"他不能不向巴力门里为他欢呼的人说："你们有了一个新的世界，新的势力，也有了一个新的，也不可预知的目标和危险要你们应付……英国的女皇已成了东方最强的主权了。”欢呼的声音掩盖了危险两个字，英国多少青年的生命从此将埋葬在这两个字里。70年后，这危险却暴露了，而且竟是一个全人类要共同应付的危机。

格兰斯东所预言和狄斯累利所暗示的危机是什么呢？他们知道大英帝国的基础并不是健全的。煤，铁和技术并不能由英国独占，工业会在世界各地发生，会超过工业的老家；而且英国工业的原料和市场却又远在海外。生产原料和购买英货的人民大多并不是英国人，要保证原料的获得和市场的稳定，英国必须永远维持它的霸权，不但在海上不能有敌人，而且在海外要有武力去保护没有别人敢于争夺的原料和市场。换一句话说，大英帝国必须有殖民地的维持。赫斯克逊早就说了：“英国是不能小的，她必须维持这样子，不然就没有她了。”

危险就在这里。维多利亚时代的膨胀是值得骄傲的，但是这却把英国置上了没有退路的绝地。它能永远占住水上的霸权，保持住殖民地，光荣是它的，不然，它就完了。这是每一个帝国的首相所不能或忘的格言。狄斯累利创造了这局面，麻烦了接着他当政的每一个首相。而且这局面也愈来愈严重，因为英国没有独占煤铁和技术的可能。科学没有国界。它抵触着英国的愿望，在世界各地兴起了工业。每一个工业国家的兴起，都成了大英帝国的威胁。这威胁造下了帝国维护者的备战心理。丘吉尔在1924年就明白地说："人类的故事是战争。除了简短的，朝不保夕的插曲，世界上从来就没有过和平；从历史开始以来，屠杀性的斗争是普遍的，而且是不会完结的。"

在这种无可退守的境地作战，英国自从获得霸权以来，从来不能容忍一个可能超过它的强权出现，当法国要抬头时，它立刻去扶持德国，当德国要抬头时立刻又去扶持法国。这种外交使欧洲永远处于分裂和萎弱的境地，英国的霸权才能确保不替。一直到1939年，这种基本的权力平衡还没有改变。可是以分裂，破坏，压制，残杀，战争来应付大英帝国的危险是消极性的，而且我们可以说是逆流的，是和人类文明的进步相抵触的。人类并不能以维多利亚宫廷的光辉为止境，这并不是文明的极点，亿万细民还在穷困、恐怖中喘息，人类还得使每一个人都能享受维多利亚宫廷里的华贵和风雅。这却不是大英帝国所能许诺的世界。我们不能不承认英国在人类文化中的伟大贡献，科学，技术，民主，风度，哪一件不成为19世纪以来人民的模范；但是，它若一定要站在世界的前排，不能容忍别人争光，它也就成为文明的绊脚石了。我自然不是说英国人的心胸这样狭小，英国人从个别来说是最能尊重别人，容忍别人的，可是他们为了帝国地位的安全，却又是“无意”地着着走上和他们风格不合的方向。每一个认真的英国人都避免不了这内心的矛盾，正如我一位很亲密的英国朋友所说："谁喜欢在印度这样搞下去？可是我们怎样脱手呢？"

另一新世纪在等待你

翻出这两次世界大战的历史来重念一遍，我尽管爱慕英国，也不能饶赦英国。英国人眼中似乎只有帝国的安全而忘了还有世界的和平，握有盟主地位的国家把世界和平放到了帝国安全的下面，战争是决难避免的。英国在欧洲以德制法，以法制德的结果，发生了这两次差一点毁灭了人类文化的恶战。英国在两次战争中得到些什么呢？战争并不能解决帝国的基本矛盾，只加深了格兰斯东所预言的危机，在殖民地基础上的帝国是总会瓦解的。

第一次大战结束，大英帝国并没击溃威胁它的新兴工业势力，相反地却促成了东西两个新兴工业国家，美国和苏联。美国的不景气和苏联的被冻结，固然暂时缓和了当时的严重冲突，但是，第二次大战中，这两个工业国家的潜力却表现得使英国战栗了。何况，战术的发达，水上的霸权，并不足以保卫岛国本部工业的安全。空中降下的破坏使海峡的天险失其效用。英国在第二次大战中工业设备的破坏是致命的。它是以世界工业中心的地位起家的，现在这帝国最主要的本钱却丧失了。工业的基础已经由煤和铁转变到了汽油和化学品，武力的基础已从水陆平面转到了立体空间。这转变使大英帝国的基础翻了身。科学和工业造成了大英帝国，也是科学和工业使大英帝国式微和没落。

人是会被过去的光荣所迷惑的。承认丑恶的现实需要勇气，而这勇气却不是被过去光荣所迷惑的人所容易得到的。过去的半年里我在等待英国人民的觉悟，可是传来的消息却常常相反。英国的安全，现状的维持，还是他们不易的政治课题，而且，题解的方程式却还是那传统的分裂，牵制，压迫和战争。这方程式已使人类濒于危境，继续使用下去，除了毁灭还会有什么呢？

若是英国还是在旧公式里看世界，它怎能不觉得前门送狼，后门迎虎呢？隔着大西洋的美国，工业的膨胀已完全压倒了英国，而且超越的距离又这样远，英国实在已望尘莫及。所幸的，英美之间还有血浓于水的传统；美国的势力也还没有伸入帝国心脏的地中海和印度洋。两国正面冲突在短期内不易发生，但是经济上的矛盾虽则潜在却并不轻浅，这次美国对英国的借款中已充分表示了这矛盾在作祟。

大英帝国直接的威胁来自另一新兴的工业国家。这国家不但毗邻于地中海的生命线，而且具有煽动殖民地反抗的魔力，那就是苏联。今后工业和武力的血液是汽油。大英帝国的油库却在中东，正处在苏联的门口。苏联在另一种经济制度中工业发展的速率是惊人的。在10年之后，没有人可以预料它的生产力会达到什么程度，而且，它发展工业的原料，靠了它广阔的领域，竟可以大部分自足自给。这个新兴的工业国家若容它发展，无疑地将是大英帝国无法收拾的竞争者，也可能是帝国瓦解的执行者。若是要维持“英国是不能小的”的话，这个帝国心脏里的刺自得及早拔除。丘吉尔的使命就在这里。

丘吉尔和他的承继者做着一件劳而无功的苦差。拔除了法国，产生了更强的德国；拔除了德国，产生了可能更强的苏联。即使拔除了苏联，谁知道不会又产生一个比苏联更强的国家呢？这不是办法。英国并没有做战争制造者的必要，只要它在另一逻辑里打算他们的前途。

我是爱慕英国的。我也相信英国人民有着他们卓拔的才能。我永远在盼望他们的才能不必在战争里求表现，而在人类共同的幸福上谋发展。同时，我不但希望而且相信，这转变方向的时机已经成熟，只要英国人有自信，他们的光荣不必建立在武力上。

英国所需要的是原料和市场的稳定，英国的生命线不是在哪一个交通线，而是在能自由运输的商业。商业本是买者和卖者双方有利的事。有无的交换，本是应该以和平为前提，同时也是和平的保证。英国不幸在早年的贸易上发生了殖民地制度，结果把商业和武力混在一起，一若没有殖民地的支配权就会不能和其他工业国家相竞争。这在目前也许是事实，可是这事实的发生却是在英国用特权来保障了工商业，使工商业不必在技术的改进上求稳定，于是结果反而阻碍了技术的发展。没有特权就会丧失市场，造下了饮鸩止渴的悲惨局面。特权是会使人中毒的。要得到新生，毒素必须取消。

在这个时候放弃特权，可能是艰苦的，尤其是他们的工业方经战争的破坏。但是这特权又怎能和平地维持得下去呢？若是妄想从另一次战争中去求出路，那时，即使再度胜利，处境必然比目前更为困难。英国人民必须下定决心，就在这个时候放弃特权。

英国若是放弃了以武力来维持的贸易特权，他们必然是主张国际和平的重要力量。他们岛国的环境规定了他们得在制造业中求经济的繁荣；他们因之必须从国际组织中谋原料的公平分配，以国际力量求贸易的自由，所以成了国际组织的热忱维护者。他们也因之可以成为另一新世纪的柱石。英国的光荣不在地图上而是在历史上。他们既已领导人类进入过一个新世纪，为什么要轻易放弃另一个新世纪里的主角地位呢？

英国人民是有远见的，即使迷惑一时，必能及时看到他们新的使命。我为了私情的依恋，更使我不能不这样寄托我的希望。帝国的结束不是英国的屈辱，而是英国光荣的再造。英国的雄心不要再在已麻痹了的躯体中去磨折那骄傲的灵魂罢！解脱了这陈旧的躯体，还有个晴朗的天地任你翱翔。

1946年4月5日

途中

欧太太的烦躁

“护照，护照，海关，海关……”欧太太遏制不住她烦躁的心情，带着诅咒的口吻，把她疲乏的身体斜倒在机场休息室里的沙发上。穿着便服的一个海关职员并没有注意到她不耐烦的表情（叫他怎么会注意得到呢，除了这种面貌他在这里会见到些什么其他的表情?），机械地递给她一张油印的通知，用法国口音的英文，说着他一天不知道要说过多少遍的习惯语：“赶快去报告你带了多少外国货币。”欧老太太失去了原有的礼貌，把这通知，当着那位职员的面，向手边的小桌上用劲一抛："上帝，我受不了这些了。"那位职员一点也不见怪，不怒，不笑，移转到另一个旅客的面前。

我自然很同情欧老太太。我们是半夜2点钟在开罗的旅馆里被叫醒的。为了护照，海关，一直到天亮才起飞。旅客们已经不高兴，若是5点钟飞，为什么要剥夺我们两个多钟头的好梦（睡觉在长距离空程旅行中真是分外甜香）？到了马赛，太阳还没有下山，多少对法国怀着幻想的人，很想在这南欧的晚秋有个闲散的黄昏，甚至像电影里一般逢些奇遇。尤其是那些在热带的沙地和丛林里告假还乡的兵士们，带着一说起法国就会吃吃嬉笑的渴望，被护照和海关耽搁在休息室里，确是件很为难人的无聊事。夜幕在海面上下降，这恬静的晚景对这些不耐烦的旅客是无关的。

到旅馆吃完夜饭，已经8点。欧老太太特别放大了嗓子和伙计说："对不起，没有小账，你们政府不给我换钱。”这一晚她连酒都没有喝，气愤愤地回房了。10多小时的飞行，5小时以上的耽搁在海关上，怎能使她对马赛有一丝好感呢?

马赛是我们在路上第四个歇夜处，也是最后一个。疲乏和烦躁已经超过了一个普通旅客可以忍耐的极限。退任回家的香港警察局长，那位富于幽默的老先生，偷偷地问我:“你还有勇气从空中飞回去么?”我摇了摇头，等一等接着说:“若是孩子们等我过圣诞节的话，没有勇气的人，也会上机的。不是吗?明天你到家了，圣诞节还有好几天哩!”他笑了。他看了欧老太太一眼:“假若你觉得路上太寂寞的话，回去时坐在这位太太旁边就是了。2月初，你准会在这原机上听她说再也不坐飞机的话。”

不错的。人是无法拒绝这种新的工具，不论这新的工具带给人的是烦躁还是满足。

是时代所带来的

世界上哪一个角里找不到欧太太的烦躁?

没有人想和欧太太作对。这点我很愿意保证。欧太太有事要早一点从远东到西欧，两个月里打个来回。几十年前是个幻想，现在已是事实。再急一些，一星期来回也做得到。看了试验火箭的新闻片后，谁也不敢说，不久以后，广寒宫的摄影不会列入旅行社的窗饰里招揽游客。自从原子能被利用了来做武器，没有人可以对于这“无穷可能”的人类文化再作会停留在某种阶段上的预言了。不是上天，就是入地。繁荣和毁灭之外似乎已没有其他选择。就难易说，入地有捷径，上天却无便道。我曾听过BBC念John Hersey所著的《广岛纪实》。入地的捷径在这里描写得清清楚楚。一个城市怎样在刹那之间化为灰烬。可是一说到上天，这历程的艰难，已使每一个魂灵在战栗。欧太太的烦躁不过是微之又微的一端而已。

我很想安慰欧太太，所以曾这样说："我们是坐了飞机在为海运所组成的机构里穿行，怎能不发生无谓的摩擦。"欧太太是有礼貌的，很轻快地能用微笑来原谅我因语言的困难所说出她所不太能了解的话。她的微笑每每使我不很舒服，我感觉到人和人间个别习惯所树下的障碍，也许就是这类障碍在阻挡着人类的上天之门。

"欧太太，你是什么时候去香港的？"我补充地问她。

"20多年了，那时我是最喜欢旅行的。我曾回国过好几次……"她有一点感伤。我知道她丈夫是死在日本集中营里的，旧事重提，徒然使她眼睛潮润，所以赶快打岔："那时护照，海关不会这样麻烦人吧。"

回忆使她诧异，护照，海关，似乎在战后才引起她的厌恶。"不，不这样麻烦。坐了几天船，船靠了岸，到了一个新码头。停上一两天，一路玩玩，买些土产，海关上的人也客气得多，好像一下就弄好了。我们不带东西上岸，海关上只看看护照，打一个橡皮章子。至少我不太觉得这是件令人厌恶的无聊事。”她沉默了，也许她感觉到人事已非，心情难复。或是她又想到了上一天和我所说的：战争是疾病，病后的世界，人心已经和以往不同。可是她至少已同意，护照，海关，这一套入境手续是由来已久，但是从来没有像这次旅行一般引起过她如是的厌恶。这套手续的麻烦似乎并不是在它的本身，除了新添的那些关于兑款的节目，重要的关键是在飞机。飞机速率使旅程所需的时间缩短了。海运时代一星期才穿过一道国境，现在一天可以穿过好几道。以前偶然遇着不讨人喜欢的面孔，现在一天要碰上好几次。以前可以用时间来冲淡的烦躁，现在却被飞机的速度所累积了。以前受得了，或是可以耐得住的，现在却成了不易承受的了。以前隐藏的，现在显著了。时代在前进。

“欧太太，你觉得入境手续是多余的么?”

她想了一想:“也不能这样说，除非没有国界。”

“你以为这是可能的么?”

“我没有想过。”

“那么，旅行的麻烦是注定的了。”

欧老太太是现实的，并没有幻想过遥远的可能性。遥远，在她是曾这样觉得的，但是飞机的速率已经把这距离缩短了。因之她在现实经验中已初次遭遇了国界的麻烦。不论这是不是免不了的。她确是没有想过这问题，可是现在已不能说这是个不必想的问题了。

确是不太合理

天下一家，以前是一个理想，现在却成了一种需要，也可以说是空运时代人类生存的必要条件了。这个理想变成一种需要，原是威尔基先生在空中旅行之后才定型的。也许这句口号在我们传统的理想中太熟习，所以对我们并没有什么特别的刺激。我们可以觉得这不过是老生常谈。可是在西方的传统中，这却不然。现代的新秩序是诞生在四海一体的中古观念的否定中。列国的成立是新秩序的基础。主权的神圣，是带着宗教色彩的政治观念。第一次世界大战结束时所标榜的主义不就是民族国家的独立么？这主义最明切的表现是捷克的立国，马萨立克能在海外建国，看来像是奇迹，其实不过是这基本政治观念的具体化罢了。只有20年，世界确实变得快，高速的交通工具已动摇了根据这国家主权观念所建成的政治体系。

当然，天下一家，在很多人眼中还不过是一种好听的理想，可是让我们现实些，看看日常的问题，也许不难承认否定这基本概念的人是无法解脱日益加重的烦躁的。欧老太太不过是其中很小的一分子。

欧老太太是经商的。为了她要想在香港做生意，所以要坐了飞机到伦敦来订货。她心情在上飞机时已经不太好。为的是美国选举结果可能影响她的计划。有一天无意中我们谈起了美国选举的事。她很带感情地说："美国共和党得了势可不得了。这些孩子们简直胡闹。"原因很清楚。共和党上了台，美国统制政策会放弃，物价会高涨，英国向美国的借款因之要打折扣，英国靠美国供给的货物要减少，尤其是农产品，英国会更缺少，于是英国在进出口方面一定要另做打算，根据选举前所计划下的方案不能不重新考虑，欧老太太的生意也受了影响。在她的口气里听上去，美国选举结果于她一定是不利的。

"不合理！"欧老太太自言自语。

"这有什么不合理呢？美国人的事美国人去决定。"警察局长在旁插了一句。

"当然，我又没有法子去投票。美国孩子们发脾气，赔本的却是我们。”欧老太太似乎很委屈，“我们没有投票呀!”

这两位都是标准的英国人。他们认为凡是有关于自己利益的事，一定要有争取的权利。这是英国民主的第一课。他们承认社会上利益是并不一致的。但是在决定一项有关于众人之事的政策时，不同的利益都得有机会发表意见。在选举票柜里称一称，谁票子多。这样，受损失的人才甘心。若是有一个集团不经过这个手续，硬要剥夺另外一个集团的利益，他们是不肯领受的。没有投票，没有责任。但是现在的英国人开始感受到一种外来的力量，这力量会决定他们的生活，而他们对这力量却并没有直接去左右的办法。这里有着一条国界，美国的选举是美国人的事。民主关在界线里，造下了这确乎不太合理的国际关系。这界线不但使喜欢旅行的欧老太太感觉烦躁，而且可以使她全盘丧失这次旅行的意义。曾经用来保护可以自足的单位的界线，进入了这个时代，却成了弱者的束缚。

我在马赛旅馆食堂里，望着欧老太太匆匆离座的背影，也感觉到了难受的烦躁。我冒着晚凉，出门溜达。人行道上堆满了黄叶。人影稀少，连咖啡馆里都寂然无声。无疑的，旅途里的烦躁将一直带到阔别8年的英伦了。我愀然回来，时已午夜。

1946年12月1日寄自伦敦芦叶寨

拉斯基教授没有败诉

伦敦经济政治学院四楼学生休息室到饭堂的走廊里，这天人特别拥挤。围着一个桌子，多少青年学生，很愤慨地在谈论。我挤进人群，一看，桌子上有一只匣子，匣子里有钞票，有银角子。匣子旁，用条椅子垫高了，贴着一张白纸，纸上写着 Laski Fund（拉斯基捐款）。耳边只听见“这真岂有此理，不公平”。

在前一天晚报上有着大字标题：“拉斯基教授败诉，诉讼费15000镑。”学生情绪的激动和桌上的捐款，显然是为这件事发生的。

报纸造谣

去年6月20日纽淮克一张报上有下面一段关于拉斯基教授为工党竞选演说的报道：

暴力革命

拉斯基教授的答复

星期六纽淮克市场上，拉斯基教授演说时，他和戴先生有生动的对话。戴先生诘难拉斯基教授说："你为什么在战时公开地主张暴力革命？"拉斯基回答说，若是劳工不能在共同同意的方式中得到所必需的改革，"我们只有用暴力，即使是革命，亦在所不惜……英国必须改革，若是不能在同意中做到，只有用暴力了。从这位诘难我的先生的火气看，当暴力革命发生，他正是最自然的对象之一”。

那几天拉斯基教授到处为工党演说，保守党的报纸尽力地在找题目攻击他。这段新闻一发表，对于工党的地位很有影响。英国的传统是厌恶暴力的。他们最骄傲的是能用语言代替枪炮。若是当时的工党的执委会主席公开威胁选民说：你们不选我们，我们要革命了。英国人民的反应必然是“岂有此理”。于是保守党就有办法了。在大选的时候谁敢得罪选民？所以拉斯基教授立刻否认他曾说过《纽淮克报》上所记载的话。非但否认，而且认为这歪曲的报道是诽谤他。若是主张暴力革命而且公开煽动群众是有罪的，《纽淮克报》有意要加罪于他，他就以诽谤罪向法庭起诉。这案子到最近才开审。

在我们看来也许会觉得这是小题大做，但是在英国这确是个大题目。第一，这是一个富于政治性的问题。

在用舆论，用选举票决定政权的民主国家，政党的立场必须明白清楚。工党是并不主张暴力革命的，这一点决不能给人民一毫误解。拉斯基教授是工党的台柱，他的政治主张不但是有关他自己的地位和名望，而且有关工党的前途。第二，也许更重要的，这是有关英国言论自由的基础，言论机关的信用。在以舆论来左右政治的国家，影响舆论的言论机关必须有最起码的道德，就是不造谣。若是所有报纸大家有造谣的自由，所谓“宣传攻势”，舆论将无所适从，将把民主政治从根翻起。为了要保障能以选举票代替枪炮来决定政治的民主基础，对于报纸造谣一事是绝不能轻易放过的。拉斯基教授既然没有说主张暴力革命，就该依法起诉了。

政治与司法

这案子一起诉，就引起了一般的注意，认为这是对现行司法制度的一个试验。第一，是试验司法是否独立，或是司法是否超越政治。这案子是发生在竞选之中。这是保守党想在舆论上打击工党时所采取战略上发生的案子，而且这案子很可以利用来影响人民对两党的看法。譬如说，若是在法庭上证明了拉斯基的确是主张暴力革命的，则不喜欢以暴力来革命的人就会厌恶工党了。这不是说案子本来是可以作为竞选活动了么？第二，另一方面看，现在执政的是工党，工党在这案子上是否会利用他们执政的地位去影响司法？

在这背景里，法官的处境是相当为难的。所以首席法官公开在庭上说："在一个富于政治意味的案子里，法官是最为难的，因为法官的责任是要不存有和不表示政治见解的。"可是英国司法制度却不能拒绝这一个试验。

法官的为难在英国司法制度中并不太严重，原因是为了要防止政治干涉司法，英国人民早就立下了很多预防的办法。在英国的历史上曾经因为那时的皇帝利用司法机构侵犯人民的权利，人民已在12世纪的时候确立了陪审制。盎格鲁-萨克逊民族似乎是天生猜疑权力的：在他们看来，不管好人还是坏人，一旦握有权力，同样会被权力中毒，侵犯人民权利。所以不但治理人民的法律必须得到人民的批准，而且在引用法律来拘束个人时，人民也得参加。于是发生了陪审制。

陪审制的原则是这样：法官只负责法律问题，事实问题由陪审官负责。举一个例：我们若捉到了一个小偷，他究竟有没有偷东西，那是事实问题。偷了之后应当依法受到什么样的处分，那才是法律问题。在我们中国这两个问题都由法官决定。在英国，这两个问题是分清楚的。陪审官先决定了那个小偷确是偷了东西，然后由法官宣判他犯什么罪，关几天，罚多少钱等等。

陪审官是从人民中挑选出来的。事实上不能不限制陪审官的数目和资格。审判一件案子时普通的陪审官是12个人，在有资格做陪审官的公民中随意挑出来，目的是在得到对于这案子没有偏见的人可以公平的听审原告和被告双方的意见。要达到没有偏见的程度，关键是在陪审官的选择上。关于这一点已经有了避讳和要求撤换的办法。但是陪审官的资格上还是有问题。在英国，陪审官资格的规定是：年龄在21至60之间，有房屋或土地的财产，所住的房屋须每年纳税20镑之上（伦敦的资格定得较高）。另外还有一种特别陪审官，所需资格是：绅士，有学位的人，银行家或商家，住所纳税每年在100镑之上等。原告或被告可以申请要求特别陪审官陪审，换一句话说，可以要求更有地位和更有钱的人来做陪审官。

我们自然应当承认陪审官资格必须加以限制，我们也可以承认有钱的人教育程度高，不容易受物质上的引诱等等，而且依以往的经验讲，这些资格规定的结果确是利多弊少，而且经济情况困难的人也担负不起这无偿的公民义务。说老实话，没有人愿意多事的，何况是白赔精神又费时间的事，结果还要得罪人？因此，关于资格问题并没有受过太大的批评。

还有一点我们应当知道的是，在英国，打官司是件费钱的事。为了二三十镑的债务可以费去几百镑甚至几千镑的律师费和诉讼费。普通人没有这本钱去上法庭起诉。因为这个经济的原因，穷人避之惟恐不及，打官司的大多是富人，所以更谈不到请穷人来陪审富人们的官司了。

发生问题是从拉斯基的案子开始。

辩论和定谳

11月27日是拉斯基教授自己受被告律师询问的日子。拉斯基教授的口才是素来有名的，他的对手是著名皇家律师彼屈立克海斯丁爵士，这场辩论自然是英国历史上少有的精彩节目了。

被告律师把拉斯基教授所著的书大概都逐句读过了(不知费了多少时间)，他摘录很多句子，想来证明拉斯基确是主张暴力革命。他念了一段之后，就问拉斯基说："你意思是说要叫资本家让步是不可能的么?"他要拉斯基说声"是"。一说是，他就可以说：拉斯基一面说资本家不让步，劳工会用暴力，另一方面说，资本家决不会让步。两句话一加起来，拉斯基是在说：劳工一定要用暴力了。可是拉斯基明白这圈套，所以向法官说："我是不是应该在断章断句之前说是或否，还是应当向陪审官解释我整篇的意义?"这一问使法官很为难，他只能回答说："我想你是有权利解释的，但是我不想把这案子变成个社会主义的讨论。"其实，即使拉斯基把法庭变成了教室，我也很怀疑这些陪审官会在几十分钟里弄得明白拉斯基一生的政治学说。所以，拉斯基只能很简短地说："我的看法是，社会和平的维持和暴力的避免是社会所应当趋向的最重要的目标之一。这是我加入工党而不加入共产党的原因。”这句话陪审官应该是听得很清楚的了，可是大概还是太深奥。

这两位舌客愈迫愈紧。

律师：“在社会主义政党里也有特权的人物的么？”——这是讽刺工党的话。

拉：“当然，爵士，当你加入社会主义政党的时候……”

律师：“不要粗鲁！”打住了拉斯基的答语。

拉：“这是在这世界上我所愿意做的事中最后的一桩。”

律师：“也许要你客气是困难的，但是不要粗鲁。你对每一个人都不讲礼貌的，不是么？”

拉：“我想并不如此。”

这位爵士拿了那本《当前革命的检讨》，问说：“这本书的基本论调不是说在战争进行中是有机会实行同意的革命的，但是到战争一结束，这机会就丧失了么？”

发问的目的还是我在上面所说的，要拉斯基说在英国只有用暴力革命才能达到社会主义。

拉："减少了。"

律师："我说：丧失了。"

拉："我说：减少了。"

律师："你不接受丧失两字么?"

拉："不接受。我说减少了。"

拉斯基教授并不认为在社会的改革中暴力是必须的，但是他并不否认暴力革命的可能。他像其他的英国人一般希望政治中没有暴力这成分。他和其他人不同的是在他看来，若是资本主义的国家不自力更新，在和平的同意方式中求社会主义的实现，暴力革命可能不易避免，所以他要求资本家顾全大局，自己退让。他说得很清楚，英国政治的特点，就在握有特权的人能在革命前夕自动放弃特权。他所主张的是：现在社会主义已不能避免，希望不必发生暴力革命。念得懂他书的人，决不会误解他的一片婆心，主张和平。但是被告律师却断章取义，使没有和念不懂拉斯基著作的陪审官有一个印象，他是主张暴力革命的人。

拉斯基教授一定忘记了听众并不是他的学生，经一阵辩论之后，他冷冷地说："这是诊断，不是警告。"在这些陪审官看来，这两个名词有什么不同呢？

拉斯基教授败诉了。陪审官在20分钟之内回答法官说：《纽淮克报》所载是正确的，于是这和事实不合的记载被断为不是谣言了。拉斯基教授非但不能得到诽谤的赔偿，而且要付1.5万镑的律师费和诉讼费。

法官在陪审官定谳之前声明了几点：他认为在竞选中报道演说是报纸对于国家的责任，在热烈的辩驳里感情激动和有意气的话是难免的。而且他说，"诘难是有趣的，对此我自己也并不是外行"。他知道在争着发言的情形中，记录是困难的，但是并不应因之歪曲事实，记载演说的人没有说的话。至于拉斯基教授在书里用暴力用革命等字眼和讨论这问题，那是他当政治学教授的责任。就是他说了像报上所记的话，也并不能说他煽动或是危害社会安全，他说：“法庭不知道陪审官的政治意见，这是对的。但是大家得记住：无惧地和有力地说出他所喜欢说的话是英国人的权利。不论他们（陪审官）怎样不喜欢一个人的意见，不论这意见怎样和群众或政府不合，这意见决不应构成这人唆使的罪名。”这说明了拉斯基教授败诉并不是拉斯基教授言论的不当，只是说《纽准克报》并没有诽谤之罪罢了。

改良司法制度的要求

伦敦的报纸天天把辩论的详情发表。除了12个陪审官外，有着无数的人在庭外“听审”。从所发表的辩论来说，被告并没有提出充足的证据可以使庭外的听审者感觉到拉斯基教授的确在演讲中说出了报上所记的话。这是伦大的学生议论哗然、感情激昂的原因。根据大多学生们的看法，这个对司法制度的试验，证明了英国的司法制度还是受政治的影响。这影响并不是出于政府的压迫，工党政府始终没有对这案子表示过一丝意见；而是出于陪审官的资格，使有钱的人左右了司法。让我补充一点，拉斯基的案子是应被告要求由特别陪审官陪审的。特别陪审官的资格是住所纳税每年要在100镑之上，那是属于上中层阶级的人，是保守党的后台。

以往陪审制度的确已把私人间偏护的因子尽可能消除了，但是因为陪审官资格的财产规定却把阶级间的偏见注入了。在这个案子里，这弊病暴露得十分清楚。

拉斯基教授的败诉引起了英国人民对于现行司法制度的检讨。依12月6日《标准晚报》的报道，英国政府已决定组织调查委员会研究这个问题了。他们将对陪审官的资格，尤其是特别陪审官的资格，加以检讨，是否会影响陪审制所要达到的公平原则。很可能会提出修改的办法来给国会去立法。

修改司法制度是拉斯基教授败诉的可能收获。他的名字可能在英国司法制度史上占一个光荣的地位，但是这位穷教授当前的问题却是怎样去交付那笔惊人的诉讼费和律师费。他即使每星期写一本书，也不能在短期内还清这笔债务。工党能替他付么？可能性并不大，因为工党不会愿意直接参预这件案子。他们是在朝党，多少要避一点讳。于是有拉斯基捐款发生了。同情拉斯基教授的人，捐钱帮助他清理这笔冤枉钱。这办法不但在经济上替拉斯基教授解决了困难，而且是对现行司法制度一个有力的控诉。舆论的表示也可以促成司法制度的改良。

看着到食堂去的廊上学生的情绪和桌上的捐款，我觉得拉斯基教授实在并没有败诉。

1946年12月8日寄自伦敦芦叶寨

英雄和特权

3日下午4时，我在国家艺术馆的前廊里等候一位朋友。前廊面对屈拉法尔加方场。方场中间高耸着一个华表，周围伏着四只铜狮。我跟着华表举眼上望，表顶站着一个戎装的铜像。8年前我常经过这伦敦中区的胜地，但是似乎没有注意过顶上的铜像；我眼睛停住在这上边，自笑过去的粗鲁和匆忙。旅行是应当先读卷历史的。

这是海上英雄纳尔逊的铜像，屈拉法尔加是他最后一次击败拿破仑法西联合舰队的地方。为了纪念这奠定英国百年海权的大功，在这一面通皇宫，一面通巴力门

（英国国会）的方场上筑此纪念华表，把这次海战中的巨炮熔铸成四只雄狮，匍伏在这华表周围。

当我在意味这一代英雄的威望，百年帝国的雄姿，再想到当前英国的处境，海权的萎缩，不免感到“而今安在”的喟叹时，久等的朋友在背后拍着我说：

“纳尔逊的时代是过去了。”

我愕然。

“不是么？”他指着东面的白屋街底，“在街那头，正在讨论要停发纳尔逊的恩俸。这是工党的得意之作。”

巴力门里

3时41分，财长唐尔登在下院站起动议，屈拉法尔加财产案两读。他说：“这是项很短和很简单的案件。但是我在报告这法案的内容前不能不说几句有关这案历史和感情背景的话。这是件英国历史上富于感情的事迹。有位著名的史家曾说，纳尔逊天才的英姿带来了不列颠水上的英雄时代，安定了帝国威震全球的海权。这伟大、勇敢的水手能屡次睁着眼睛面对危险的降临。他三次大捷，尼罗河之捷，哥本哈根之捷，屈拉法尔加之捷，奠定了英国海军无敌的传统，一直经过19世纪，到两次击败德国后的今日，永维不坠。纳尔逊挫败了拿破仑征服三岛的雄心，和现在我们的三军挫败希特勒同样的雄心前后媲美。回观往事，我想我们能说纳尔逊胜利的收获实在远甚于拿破仑。”

“1805年10月21日，胜利在望的顷刻间，他死在‘胜利’舰船底的伤兵室里。他的水手把他安放在格兰威的‘画堂’里，唱着哀歌：

‘让这躯体埋葬在和平里，但是他的名字将长久地活着。

‘千古悠悠，没有减弱这光辉，变改这荣耀，不朽的英雄。’”

“今天下午的讨论是有关于1806年的法案（纳尔逊恩俸法案）。我不知道这百世难见的英雄对这原案会有什么感想！这法案并没有实现他的遗嘱。他临终时的过虑，在他极大的痛苦中所念念不忘的，不是他的弟弟（在这法案中得到恩俸的人），而是他所爱的一位女士，和这位女士所生的女儿。在那天可纪念的胜利日的早晨11时，纳尔逊悄然回到他的案头，发布应战的命令。有一个水兵把哈密尔顿太太的画像从壁上取了下来，纳尔逊向他说‘小心这天使，我的护神’。他在那时写下了他的遗嘱：1805年，10月20日，当法西联合舰队已经在望，敌我相距10浬[1]的时候……我将遗下爱眉，哈密尔顿太太，托付给我的皇上和国家，相信他们会给她充足的供给以维持她的地位。我也将把我的义女华瑞夏托付国家。这是我在这即将献身之顷，对于皇上和国家惟一的请求。”

---

①浬，英制长度单位，现写作“海里”。1浬约合1852米。——编者注

“他在案头和这遗嘱一同留着的是两封信，一封是给爱眉，一封是给华瑞夏。”

永远不缺乏诗情雄辩的巴力门里，又一度振荡着历史的爱慕和遗恨。财长唐尔登趁这感情的高潮，轻轻一转，他念了一段史书的记载，似乎为这不朽的英雄申诉不平，因为他的遗嘱并没有遵守。这西方的虞姬在英雄死后，潦倒一生，客死异乡。她的坟地曾被用作堆放木材的场所。她的爱女，纳尔逊的骨肉，下嫁平民，湮没无闻，死而无后，真是一片凄凉。英国皇上和人民为什么这样薄情呢？不是的。国家从1806年起每年付出纳尔逊恩俸5000镑，还有几百亩的地产和宏大的广厦赏给这英雄的后裔。纳尔逊除了这华瑞夏外并没有子息，而这女孩却又是法外的收获，所以继承这厚恩的却是个平庸无能，不相干的弟弟。

唐尔登请求国会在现有继承人死后把这恩俸取消，把地产收归海军部。这并不是说纳尔逊的功绩已被遗忘，这点现任财长很小心地一再申述，只是要使纳税人民所有的负担得到最大的代价。他建议这笔钱将用在实际能发扬纳尔逊精神的事业上。

合理的成了不合理

巴力门内几百议员费了整个下午，热烈辩论这只有5000镑一年的账目，岂是表明这帝国的匮乏，门第的破落么？不是的。英国可以费几十万镑向各国去聘请学者来观光，绝不会吝啬这5000英镑的恩俸。岂是英国厌恶战事，想把这争霸的偶像打倒，另立英雄的标准么？不是的。英国虽则并没有像美国一般把胜利将军捧到天上，横行一世，但是对蒙哥马利的敬慕还是超过罗素和拉斯基。他们在这5000镑的恩俸上大做文章是为什么呢？在我看来这是日渐雄厚的平民势力在向传统的特权阶级挑战的号角，同时也反映出英国在这次战争中基本态度上发生的转变。以前认为合理的，现在被认为不合理了。在纳尔逊的故事里，现在的政府找到了很可以借口的把柄，反对党的议员看得很明白，所以紧接着财长的声明立刻指出：“这不是政府收支的问题，而是原则的问题。”

以前认为合理而现在认为不合理的第一项是为什么哈密尔顿太太得不到恩俸？在巴力门里公开地提到这名字是空前的。英国绅士们会觉得唐突无稽。这个不体面的女人！这种名字只能在小说上看到，历史上不该有份。她是谁呢？下面是她的简史：

爱眉是个铁匠的女儿，出身微贱，在乡下当保姆、婢仆之流。年方二八的时候，她出现于伦敦街头，行为暧昧，姿色可人，结果是做了一个弃儿的母亲。丽质难掩，又入侍某放荡的男爵。在她刚要生第二个孩子时，被男爵的家人逐出。可是在这豪门居住时，曾获识了个冷矜自负的青年，格兰维尔。爱眉却一见倾心，愿托终身。一旦被逐，就投奔格氏。格氏在伦敦辟屋藏娇，教以歌舞。在这个时候，她和画家隆乃相值，惊为绝代美人，替她绘像，至今留传。想起来，爱眉之美确是没有疑问的。可是自持颇甚的格氏，明白此娇难藏，供奉不易，所以假装游历，把她引到意大利，交给了他舅父哈密尔顿爵士，当时的驻意大使，自己却溜了。爱眉只能在老绅士前强颜承欢，逐渐由姬妾而成为夫人。芳名日高，出入宫廷，飞上枝头变作了凤凰。1798年，爱眉37岁，徐娘风韵之时，在大使馆接见刚从尼罗河凯旋的英雄纳尔逊。

正像是一回小说，英雄传记里缺不了美人。当爱眉一见这英名远播的海上枭将，在一刹那间，她昏倒在纳尔逊的臂上。没有人知道这是否系爱眉的装作，但是这一倒，却结下了一段英国绅士们心里羡慕、口上难言的姻缘。在这次巴力门的辩论中，剑桥大学的议员还带着半同情半惋惜的口吻说："纳尔逊在哥本哈根战役中曾以一眼不明，漠视战令，难怪他对这位太太既不少又难隐的弱点熟视无睹。”在“既不少又难隐”的弱点中，也包括着爱眉已在肥胖中遗失的妖娆。但是我不明白的是，为什么中西无别，这项体格上的弱点，并不会阻挡历史佳话的发展。

两年后爱眉成了第三个孩子的母亲，惟一她可以自己抚育的孩子，就是华瑞夏。她虽则名字里有哈密尔顿，但是体格和面貌却泄露她真正的父亲，在名义上只是她的义父，纳尔逊。英国的绅士绝不吝啬他的宽容和体面。驻意大使和海上枭将始终维持着亲密的友谊。三个人时常在一起往来于欧陆。又二年，哈密尔顿爵士握着爱妻和良友的手，微笑而逝。

纳尔逊和他爱人同回伦敦，这一对没有名门底子的人物，很客气地被排斥在宫廷和上流社会之外。虚伪和架子本是维多利亚朝的遗风。阶级之分，尊卑之别，阻挡着社会的往来。英国统治阶级若是有长处的话，必然是他们当国家危急的时候可以退让一下。为了帝国，他们不能不起用这不太重视礼教的纳尔逊。纳尔逊在完成他的任务时，死了。他也明白，他对付法西联合舰队是有把握的，他所没有把握去应付的是这根深蒂固的英国传统。他念念不忘鼓励他，给他勇气的天使，他的护神，爱眉。他近于哀求的，想以他保护帝国的功绩来换取他爱人和爱女的前途。可是，这一个要价却太高了。纳尔逊漠视战令，可以原谅，但是漠视传统却不能宽容。他的遗嘱不加考虑地被独身的庇得一手压住，至今已141年。爱眉在纳尔逊死后，失去了整个上流社会的同情，被迫着走向赌窟。美人迟暮，抱恨终天，对现实既不能积极的反抗，只有消极的放纵。这更增加了上流绅士的奚落。爱眉负债累累，1813年被拘入狱。后来逃狱去法，客死异地。

这是传统的英国所认为合理的结束。一个乡间的少女，依她的美貌可以被爵士们玩弄一时，若是忘本妄求，就该受到残酷的教训。对国家的功绩尽管大，变不了这传统的逻辑。

这传统经历了多少世纪，一直到这次大战的结束，才发生动摇。一个社会的真正改革，不在换个国旗，也不在换个宪法，而是在每个人的心上，以前认为合理的被认为不合理了。纳尔逊死了141年，没有人想到过这位英雄在地下死未瞑目。高大的华表，雄壮的铜狮，丰厚的恩俸，一切面子都给他了，但是他在遗嘱上所要求的一点却很有礼貌地被抹煞了。

代表平民的工党并不是吝啬这5000镑一年的开支，而是在道德上有责任去否定这传统的逻辑，去揭穿绅士阶级的虚伪和负义。让人民看看以往的统治阶级是怎样薄待保护国家的英雄。巴力门内能公开在道德上打击英国绅士的假冒为善，这是初次。它表示了英国社会本质正在蜕变。人们不应在假面具背后活动，体面是次要的，因为人还有感情，有爱，有人性。平民政治的抬头，使英国人接近了人性的标准。

特权的剥夺

在这下午的辩论中，我们不但可以体味到绅士标准的被否定，而且一个新的标准已经出现。工党的议员强调地说，我们并不是吝啬这5000镑的恩俸，但是财长的责任是在保证人民所付的税，每一文都要用在发展个性，维护社会利益上。这5000镑的恩俸受益的是几个对社会无益的寄生虫，对于继承人没有好处，对于纳税人是一项没有意义的担负。

这种论调是针对着整个特权社会而发的。对于有功于社会的人应当给予合理的报酬，但是把功绩变成特权，子子孙孙可以不劳而获，埋没了他们的志气，养成他们挥霍豪奢的习尚，那是不合理的。在英国，一方有传统的封建特权，一方又有从资本主义中产生的新特权。那些从祖宗手上遗传下来握有大宗股票的人，每年可以不必从事生产，坐收巨宗的息金，构成了阻挡社会前进的保守阶级。这不是特权是什么？英国的社会主义就在要确立“各尽所能，各取所需”的原则。

一点都不错，财长提出这停发纳尔逊恩俸的案件并不是为了要节省支出，而是要确立一个原则。什么原则呢？在我看来是社会上不准有继承的特权。保守党议员所争的也不在这5000镑，而是几万万镑英国特权阶级的权利。显然的，工党挑了纳尔逊恩俸作为题目，一个最容易表现特权的不合理的题目，来确立废除特权的原则。从这意义看去，巴力门费半天去辩论似乎还太短了一些。

有一个议员很幽默地说：“我们讲到纳尔逊的时候，不应忘记他的胜利并不是他赤手空拳得来的，船上还有不少水手拼过命的。”他接着说：“我并不过分对哈密尔顿太太抱不平。这里还有人可以告诉我们，她葬在哪里，墓碑上刻着什么字。可是那些拼了命的水手们的妻儿怎样呢？谁知道他们的坟地，他们的墓碑？”

社会主义是一种看法，一种态度，在这里表现得很明白。传统的看法是个人英雄主义，历史是少数人创造的。没有人想到希腊罗马的文化是无数奴隶日夕劳动积累积出来的一种表现。只看见花，不看见泥土。因之，社会的报酬属于个人，属于少数的人，构成特权。表面上看似乎很合理。但是要花开得好，不应该把它剪下来，放在花瓶里，而是应该多加肥料在泥土里。特权的报酬是剪花的方式。社会主义是浇花施肥的方式，有好泥土，自会有好花。

唐尔登在他的提案中虽则没有明言将怎样把从屈拉法尔加地产上所得到的钱用在海军的福利上，但是工党的确在这次辩论中，把社会主义对人对事的基本看法再一度用具体的事实来说明了。在这次战争里的士兵和他的家属，生的或是死的，都可以因之放心，这个政府决不会像庇得一样做下这类张功李赏的办法来，而且也决不会使人再感觉到一将功成万骨枯了。历史的追述常是未来的保证。纳尔逊恩俸的翻案不是件玩弄古董性的消遣，而是确立社会主义的过程中，对特权原则和英雄观念的正面攻击。

辩论将告结束时，反对党议员又责问说："我能否询问财长为什么在政府曾屡次说过巴力门的辩论时候太少太宝贵之后，他会提出这个案子，消耗这许多时间?"

唐尔登站起，很沉重也很简单的答复："因为，在政府认为这是件重要的案件。"7点26分，该案两读以271∶102通过。

这时我正和我的朋友在一家小饭馆里吃饭。我们还不知道巴力门内的结果，但是我的朋友却很坚决地说："这英国已不是10年前的英国了!"

1946年12月19日于伦敦芦叶寨

煤荒

决定搬到南郊芦叶寨来住的原因当然很多，其中之一是我看中了书房里的大壁炉。伦敦的冬季是冷的，那我早知道。我特地挑定了这寒冷而且多雾的季节到这地方来，除了怪癖外，似乎没有多大理由可说；一定要找个理由的话，可以说是我很爱闲坐着，在炉旁看火焰。窗外的浓雾使人很安于室内闲坐；炉前凝视，别有滋味。芦叶寨在郊外，平民的居住区，没有现代的暖气设备，还留些壁炉，动了我的心。

我搬来时，房东太太问我要不要装个煤气炉，或是电炉，我最不喜欢这些“烤鸭”的小炉子，不但煤气炉的味道不好闻，点着的时候，砰砰呜呜地像开火车，而且，背上烤焦了胸前还是冷，所以我拒绝了。“我喜欢烧煤。”房东太太很尊重我的意思，每天替我引火加煤。我很得意。

圣诞节前后的一个星期，英国的严冬开始了。招待我的主人知道我有喘病，受不得冻，加紧地去请求“课榜”。带着我跑了三个最大的公司，在这严冬降临之前，总算买到了一件厚大衣。不然，我这个在昆明养娇了的身子，大概早就客死异乡了。入境三星期就买得到一件大衣，多侥幸？“毕竟是上宾”，朋友们羡慕地说（英国衣食迄今限购，连黑市都难找）。可是运命还是不佳，房东太太有一天晚上，很抱歉地向我告罪说：“煤完了。我们起坐室里已经一星期没有生火。先生的书房里的火也不能再生了。下个月也许有希望。”我没法接她的口。欣赏火焰的怪癖竟要把这间书房冻成冷斋。

是的，几天前在报上看见奥斯丁汽车厂宣布若是煤的供给不能提高，即将闭厂的消息。我那时还觉那些报纸把这新闻做成头号标题是太不知轻重，谁知道燃料的缺乏竟会威胁到我的书房。

煤是大英帝国的基础。这个帝国十足是建筑在煤基上的。现代工业的开始是靠了煤。机器的原料是钢铁，要炼钢铁一定要煤。煤又供给机器的动力。就以近年来说，煤虽已经不是独占动力的供给者，但是全世界动力的65%还是靠煤，汽油只占21%，不到煤的1/3。在1910年，90%的动力是靠煤。所以在过去100年中，煤是决定国家财富和势力的宝贝。英国这个岛却正是一个煤库。储量上讲它固然占不上前5名（美、苏、加、中、德），产量上讲（以1937年说）也不及美、德，但是在历史上讲，它却是开发得最早，而且在这样一个小的区域里，有这样多煤却是世界上所少有的。

工业在这岛上兴起来了。在欧洲和美洲还和中国现在一般是农业国家的时候，英国的机器制造品已经在世界各地分销，国旗跟着插出去，大英帝国享受着工业的宝座，强权的光荣。可是这帝国的基础并不太干净。不但多雾的三岛，煤气氤氲；一片乌烟，笼罩这没有落日的帝国的心脏。而且，煤层里的工人们，生活里没有天日。英国每20个工人中有1个是挖煤的。英国早年工业是由劳工的血汗中培养出来的。工资低，生产成本低，利益大，资本从这个方程式里累积起来，才有今日。矿工的贡献最大。可是以血汗来培养工业，相当残忍，工人们对于煤，不会有好感。生活苦，兴趣低，效率小——也成了一个方程式，抵消了上面那个似乎有助于工业发展的方程式。英国煤矿工人每日出品的指数，1938年只有113（以1913年为基数），而德国在同年却高至164，荷兰高至201。

英国制造工业在组织上，因合理化的要求，固然日趋进步，但工业基础上的煤业却散漫无章。据战前的调查，英国1750个煤矿中，有706个规模小得只有50个工人。雇用500个工人以上的煤矿只有566个，其中只有45个雇用工人在2000人以上的。这许多煤矿又分散在许多煤业公司手上，有些公司只有一个矿，有的有近百个矿。这许多煤矿不但产量相差很大，而且生产成本也相差极大。大矿可以利用较进步的机器，小矿却没有改良设备的能力。结果，在没有统筹的市场上，互相竞争。成本高的地方只有压低工资，甚至被迫停工。英国煤量出产最高纪录在1913年，28700万吨。一直到现在没有超出过这数目。煤矿留不住工人，1913年煤矿工人超过100万，1946年却只有60万。当然英国煤业停顿和衰落的原因并不很简单。而且其他动力燃料的应用，使煤在工业里的重要性也减少了相当程度。但是我们也不应轻视以煤起国的三岛煤业停顿的意义。

战后的英国若是要复兴的话，工业的基础——煤业，必须加以整理，这是无法否认的至理。英国这三岛上没有油藏。现在所需的油都得从别处运来。这一点需要使英国不能不尽一切力量，不管别人怎样说法，去保持中东的势力，因为这里有英国惟一可以自由取给的油矿。同时也说明了英国的工业决不能再从石油上去求更大的支持。他们还得在自己国土上设法，尽力利用煤，这英国传统的保姆。

煤业国营是负有复兴英国战后经济责任的工党政府第一个具体的经济政策。煤业的停顿最基本的原因是业主分散，相互竞争，没有统筹的生产计划。关于这个弊病，英国的煤业也曾设法改良过：1930 年国会曾通过“煤矿法”强制煤业设立一个机构，统筹生产、运销和价格，使矿工的工资能提高；后来又设立销售局，把各矿出品批发包购，然后分销各厂；1938 年又通过一个法案，设法由国家来购取煤矿，但是成就不大。一直到战后，工党执政才断然采取国营政策。

工资提高，改良设备，使工作的困苦减少，再加上服务国家的观念，使工人可以对他们的工作有好感，增高效率。据政府统计的报告，自从宣布国营政策之后，果然已有很好的成绩。虽则政府接收煤矿要到今年1月1日开始。去年正月里每周产量是325万吨，到12月已增加到400万吨，做工的矿工数目1月里是62万，12月里有了64万。工人请假的频数，1月里是18.3%，12月里减低到13%。若是依这比率逐渐提高上去，可以希望达到每年25000万吨产额的标准。

工党的国营政策从煤业开始，成败也系于这一个试验。他们要证明社会主义是比了资本主义更能充实国民的财富。每个社会制度有它一定的效率限度。资本主义的限度已到，所以若要提高英国工业效率，一定得改变这制度而采用社会主义的国营政策。这是个理论，若没有实际的证明，工党的政权是要动摇的。所以对于这政策的实行，工党政府自然要全力以赴。可是实行这政策是相当艰难的，因为工党挑了一个很艰苦的环境去试验这新的制度。当然，环境若不艰苦，他们怎么会有试验的机会呢？

煤是工业的食粮。英国的工业在战时，尽量的供应，把所有的储煤已经用尽，本质已亏。工厂大都要依靠每天每天的接济。战争一结束，英国债务累累；要还债，它得拼命生产，把东西运出去。这是说有多少生产力就得用出多少来，不能保养。有多少煤，就得充分地分发出去，推动这生产机构，不能节省存储。煤的产量固然有了增加，但是消费量也随着增加。生产和消费之间所留余地不多。有人说，煤区里若有一次轰动的足球比赛，就可以使若干工厂因缺煤而停工几小时。

战后工业复元，各业都竞争雇用工人。英国人力本已缺乏（在海外还有庞大军队没有解甲），各业的竞争中，煤业很不易占优势——工作本身又苦又脏；不需技术，没有前途；地方又不在都市，没有吸引力；传统的名声不好，当矿工不体面，工资也不及别业。1945 年中矿工改业的有1.7万名，工党政府极力设法，在过去一年中，好容易才招得了8万个新工人。

还有一个困难是运输。挖煤已经要费力，可是把煤挖了出来，还得运出去。煤是个最笨重的家伙。英国在战时运输机构损失很大。车皮、车头的缺乏，使铁道运输力减低。汽车的运输更成问题。多年来所制造的坦克，现在一无用处。大卡车的生产已少，而且大多在海外做军用。运输力的减低影响最大的是那些笨重的家伙，煤自然最倒霉。

这许多困难，工党的政府正在集中了力量来应付，还有克服的把握。因为这些在事先可以看得到，而且可以估计得出，统计，计划，都用得上。估计不到或估计不准的有两端：一是天的阻力，一是人的阻力。

在英国是最不易讲计划的。因为他们有一个最拿不稳的对象，著名的雾。雾重的时候，10尺之外不辨人物。交通得停止，至少车子都得慢慢开。每个车站本来都有一定的时刻表，但是到了雾季，没有人再去看这有名无实的数字了。车子脱班是不足为奇的。工党政府讲求计划，就碰到了这天的阻力。

有人说工党挑定新年初一开始煤矿国营，犯了迷信日历错误，因为这是个最坏的日子。新年初一附近正是雾季中心。果然，圣诞节前后，雾来了。煤车停的停，脱班的脱班，闹出了煤荒。燃料部长辛威尔仰天长叹：“我怎样能预测明天没有雾呢？”

人的阻力也不少。工党要实行社会主义，大多数的英国人固然全力拥护，但是少数反对的人却正是握着经济权力的大老板。英国人政治的道德固然高，代表经济权力的政党在选举失败后，乖乖地下了台，一天也不恋栈；但是他们也不是甘于失败的。他们知道若是工党的国营政策一失败，人民就会对工党失去信仰，于是他们又有上台的机会了。他们想打击工党，这是不成问题的。政府要煤矿国营，他们就得在合法的范围之内，难为一下政府。辛威尔在几个月之前早已声明，英国并没有储煤，所以要求每个厂家都尽量不要浪费燃料——“大家帮帮忙”的意思。若是厂家都能节省，都有一两个星期的储藏，天的阻力不致形成断煤之虞。但是厂家为什么要帮你这忙呢？他们有一定的准许的煤量，不怕政府不运来，煤不到，就嚷。嚷得响，也就使人民感觉到政府没有效率。奥斯丁汽车厂就是一个例子。雾重，路断，煤不到。厂家就宣布要停工了。他们说：“天气这样冷，我们的煤单够使工人不受冻，机器是动不成了。”工人们却回答他们说：“我们冷一点不要紧，多穿几件衣服，还是能做工，不要借口闭厂。”后来还是政府把煤运到了，才解决了这件纠纷。

离开国营的日子一天近一天，煤荒的声浪也一天响一天。在保守党控制下的报纸上，大字的标题，宣传煤荒，不巧的又是时逢佳节。英国人谁也不肯放弃圣诞节。矿工们劳苦了一年，这几天也该休息一下了。据说矿工有一种迷信，圣诞节下了矿，要倒霉一年。可是一休息，煤荒，煤荒，愈叫愈真了。这真使辛威尔食不甘味了。他不能要求矿工放弃圣诞，但是假如全国工厂真的因煤荒而停工，那不是给他煤业国营的开张吉日来一个下马威么？

英国的政治真是个足球比赛，在旁观者看来实在精彩。

英国的工业并不会因煤荒而停顿的。圣诞节的下一天，矿工们又在挖煤了。在重雾里，司机们忙着把这黑黝黝的宝贝，运到各个厂家。工人们知道国营政策会提高他们的生活。工党政府是他们的代表。煤荒的威胁反而增高了他们工作的意义。他们不但是在挖煤，而是在发掘他们的幸福。代表自己利益的政策是要自己的血汗来保持的。辛威尔是矿工出身。每个矿工都知道他是自己人，怎会让他为难呢？新年初一，矿工已决定用工作来庆祝矿业国营政策的成功。这成了英国新政权表演的机会。

房东太太抱歉的告罪之后，似乎还有一些话要向我解释。我知道她要说的话：“我们要让工厂开工，我们冷一些不要紧。”但是她知道我并不是他们本国的人，所以说不出口。

我点了点头，向她说：“不要紧，我的太太和孩子在中国也没有煤烧，冷一些是应该的。”

1946年12月31日于伦敦芦叶寨

为了下一代

没有笑容，没有激动

中年人的梦里多的是失去了的青春。青春不在，迟暮之感自会引起我们对过去的怀念，对当前的淡漠和惋惜，对将来的惆怅、恐惧和逃避。生命中充满着打击，丧乱，自信心逐渐消蚀的人，更容易触景伤情，发生这类的意境。到达这阔别10年的英伦之初，我在圣保罗大教堂前徘徊俯仰之际，看四周残垣断墙，一片疮痍，想当年巨厦华屋，石像雕栏，现已烟消云散，似乎象征着这百年帝国的残体。我料想华贵世家式微时节的子弟们，大概不会缺乏《桃花扇》余韵里的空虚情调。当我在一位牛津的旧友欢迎我的信上，读到这样一句话“这里的朋友们都盼望你来讲《庄子》”时，我似乎觉得我的料想大概有了着落。大英帝国至少已经进入中年了。

周末稍暇，我偕友到“高门”去重游我初到伦敦时的寄寓。房屋依然，但是人物已非。我退回车站，在一家以前常到的小茶社里去稍坐。人很少。我坐定了，向着掌柜的姑娘说：“这是我10年前常来的地方。”我预想这一句多少带着怆感的话，必然会引起对方的惆怅。事实却不然。她很淡然地不经意地接口说：“10年前我就在这里。”并没有笑容，但也没有半丝激动。好像这是件多么平常的事，好像这10年里没有任何可以值得提起的，可以挂得上久别的朋友们絮絮话个不停的遭遇。平常得很。我很有一点拘束，显然的，我所期望于英国朋友们的心境在他们的平民中并不存在。他们并不像我这样多感。我茫然了。

从英国的处境说，哪一点不类于式微的世家，久经磨折的中年人？丘吉尔在这次巴力门闭会那天辩论缅甸的独立案时，开头就说：“当我们祖父的时代，人们都想早些起身，怕赶不上帝国领土扩大的官报，现在，相反的，迟起了会在梦里溜走帝国失地的消息了。”看看日常生活吧。住：炸坏的房屋每条街上都可以见到。据说10年之内要修葺这些房屋还赶不及，新房子更谈不到。吃：胜利后快要两年，限购制度非但没有取消，反而连面包都限制了。圣诞节前因为美国罢工，粮食部长本来打算连夜去美乞援，深怕每人每顿两片面包的供给都担负不起。饭堂里挂着“面包战争”的口号。衣：从鞋子起到领带，全得用“课榜”，每人每年有定数的课榜，用完了就不能再买。大体说来，一个人一年至多全身换一次。帽子没有限制，但是普通人却多是光头，头发留长一点来御寒。我不必一项一项地描写英国物质上的拘紧，总之，10年之隔已经在每一件生活的小节上感觉到了区别。

在这匮乏的事实前，为什么除了牛津的少数少爷们愿意听《庄子》之外，普通人并不抱怨，也不那样多愁善感，怀念过去的乐园呢？我在初到的时候，实在不知怎样解释。

街上没有了孩子的吵闹

一天中午，我坐在窗前闲看街景。伦敦的平民区我是相当熟悉的。10年前，我在家读了半天书，不用看表，只要听见窗外一片儿童的嘈杂声，就知道是12点了。因为附近有个小学，而我的窗对面正是一家熟鱼铺。孩子们从学校出来，就挤到这店里去买3个铜子鱼，带了面饽在油里炸出来的那么一块，和2个铜子洋芋。我也有时去买来吃，味儿当然说不上，营养也不比一块面包为强。孩子们在街上一面闹，一面吃，乱哄哄地使我没法再工作。因之，这种街景对我印象很深。这次到伦敦，熟鱼铺面前在中午时没有孩子们来闹了。我在窗前闲望时，看到了这一点差别。

房东太太刚有事来和我谈话，我就问她："你那位孙少爷中午不回家吃饭的么?"她很得意地摇了一摇头："这归学校管了，他们吃得很不坏，我哪里有精神来照顾他？学校若是不备伙食，还不是只能让他在街上买些东西喂饱小肚子就算了。现在他们花样多了，我也弄不清楚。什么维他命，什么钙质——你知道，那一套。孩子们回来说得头头是道。老师们每天还要按着什么科学方法喂他们哩。"

"要不要给钱的呢?"

"钱现在还是要的，6个铜子一天，6个铜子在家能吃些什么呢？孩子们中有些穷苦的，不给钱也可以。听说新的教育法案通过了，大家可以不必给钱了。一星期也要3先令，一个月不是半镑钱么？其实学校不止供给

6个铜子的东西，每天每个孩子可以喝一瓶牛奶，不要钱。”

我本来打算在英国住几个月，养养身体，像我前年在美国一样，每顿喝一杯牛奶，两个月，我增加了5磅重。谁知道这次到英国一看，牛奶已受了限制，每天每个成人只有这么一点刚够加在红茶里。我当时想，大概德国的飞弹把英国的乳牛炸死了许多，那种笨重的牲口当然不会进防空洞。因之英国的牛奶出产减少了，不能不在消费上加以限制。听了老太太的话，引起了我的疑问。

“每个孩子在学校里有不要钱的牛奶喝，哪里有这么多牛奶呢?”

老太太并没有回答我的问题，她是不很管闲事的。她惟一的希望是买座房子，在战前她虽有这希望，但是没有这可能。可是战后却成了事实。为了鼓励人民修葺房屋，政府借钱给人去收买炸坏的房屋。房屋的修理费由政府担负。房主不过只是经营一下和添置一些室内设备就得。我们这位老太太就整日的工作，修好一间，出租一间，收了租钱，再布置另一间。一年来，全屋已经都修好，布置好。她很得意地觉得多年的梦想是完成了。政府是好的，她信赖它，投票时投工党，因为这政府给了她成为房主的机会。其他的事，她一样信任，也不很过问。她知道我对于教育有兴趣，所以说："我有一位朋友，康利小姐，她在小学里教书。你要知道这些问题，我请她来喝茶，和你谈谈。"

和康利小姐的对话

过了几天，康利小姐来了。我们一同喝茶，以下是我们的谈话。

我："我听说4月1号你们的新教育法案要实施了。这是你们这次战事的收获。恭禧！"

康："是的，其实这新法案没有什么新的地方。很多改革方案早就立了法，也早就该实行。但是你知道我们英国人是因循的。非打一次仗，受了一次苦，才明白这些事应该赶快做了。教育改革法案在第一次大战时已通过了一次，是1917年。可是实际成就很少，没有抓住问题的本身。我是说，第一次大战之后，英国虽则损失很大，但是没有多少人觉得当时的社会制度出了严重的毛病。可是这一次不同了。我们大多数人明白，英国若还是走旧路是会灭亡的了。”

我：“你说严重的毛病是什么呢?”

康：“我是小学教员，不很知道其他的问题，我所说的是关于孩子的事。以前我们说改革教育只是关于课堂里的事。我们觉得孩子们应该多知道些事情，品性上应该好好发展，但是我们并没有像现在一般感觉到孩子应当成为英国社会上最重要的人物。我不知道你能不能看得到，我们现在的确把一切希望都寄托在这些孩子们身上了。我们这一代的责任不过是过渡的，是保育下一代。英国的新社会要现在这些孩子们长大了去创造。”

我：“你不是说，把国家大事交给下一代，你们自己没有把握去创造了么?”

康：“也许你说得不错，像我这样年纪的人，已经完全觉悟英国旧有的一套是靠不住的了。至于理想，我们有。但是我们，又是英国人的性格在作祟了，并不相信把旧的推翻，新的自然会出现。新的得慢慢养成，像孩子一般。昨天我听广播，关于煤矿国营的事。那位燃料部长也不是说，我们现在着手，还得一代之后才能见效么？机器要逐渐改装，资本要累积，人才要培养。有效的工业基础，现在还是理想，要一步步向前走，才能实现。”

我：“但是你不是也说，你们不能再耽误了么？现在就得动手?”

康：“当然，在教育里也是如此。我们有理想，就是每一个英国孩子，不管他父母的经济情形怎样，都得依他的能力得到他服务于社会最好的机会。我们先得把这个原则实现了，其他社会事业才有基础。我刚才不是说这是战争的结果么？我们在战争里才认识人才的重要。说起来，真是我们的耻辱。我们入伍的年轻人的体格远没有德国的好。我们以前的社会把保育孩子的责任交给父母，同时又在各种方面降低父母的收入，结果孩子得不到应有的营养，身体羸弱。等到国家要他们去保护时，他们的弱点暴露了，差一点，我们几乎支持不了。所以战时政府在1944年就决定把孩子的教育问题好好地整理一下，才有现在的新法案。”

我：“新法案的基本精神是在由社会来担负孩子们身心发展的责任么？”

康：“一点不错。譬如说：我们在战时已经实行了学校供给牛奶的办法。要发展孩子的知识，第一步是使他们身体得到常态的发育。我不知道你已看见过一些关于这方面的报告没有，我自己就遇到过这类事情。以前在我班上有个孩子，不肯用心，捣乱，不交朋友，成绩很坏。我罚他，愈罚愈不成。可是自从供给了牛奶之后，这孩子面色红润了，脾气也变了，现在是我班上最好的学生之一。这真使我不能不相信孩子营养的重要了。我不是专家，但是我的经验是这样。”

我：“我是很同意你的，但是哪里来这么多牛奶呢？大人们都吃不够，孩子们怎么能够呢?”

康：“这是我们英国在这次战争中最重要的胜利了，我们已经征服了自己的弱点。孩子的牛奶是我们大人们节省下来的。英国牛奶的产量其实并没有减少，但是以前是给有钱人喝完了，穷孩子们吃不到。现在政府限购了，先让孩子们吃够了，然后再分配给其他的人。我们固然希望大家有牛奶喝，但是在不能供给全体的时候，应该先给最需要的人去喝。”

我：“一个重要的原则！我们中国有所谓各尽所能，各取所需的古训。这是说物资的分配不根据财富，而根据需要。”

康：“这就是我们所谓社会主义。关于供给牛奶这事，不但是工党极力支持，保守党都赞同，因为效果太清楚了。现在你到学校里去看，孩子们的面色多可爱！去年体格检查已经证明，孩子们的健康比了战前已经大有进步。我们英国也许别的都退步了，但是孩子们的健康却进步了。我觉得那就成了。我们有希望了。我们的希望在下一代！”

嫩芽在黄叶底下

康利小姐有很多话和我说，好像从1947年起义务教育将要延长一年，一个孩子可以免费从5岁起读书读到15岁。我一面听，一面想，我的感想可走远了：什么维持了战后英国的士气？人不能老是在伤感中过生活。伤感一路通颓废，消沉；一路通悲愤，发泄。这两条路固然好像南辕北辙，但是有一点是相似的，那就是每个人生活永远不得着落。我虽没有到过欧洲大陆，从去过那里的朋友们口边听来，似乎就有这种情势。英国在战争里的损失固然浩大，人民的生活普遍地降落了，但是英国的特权阶级脑子里不单有个人的特权，还有一个国家的共同幸福。他们还珍惜英国文化里特有的作风，他们能及时退让。他们能把牛奶在自己口头省下来，交给全国的孩子去喝。他们增加所得税，收入愈多的付税愈多，这笔国家收入却用来改良煤矿，健全工业的基础；规定最低工资，保证工人阶级的物质生活；发展保险事业，减少生老病死灾祸的打击。最重要的一项，在教育法案的序言中明白说明，就是不使国家任何的灾难降到孩子们的身上。在战时，运输孩子们疏散的优先权可以超过军火。郊外所有阔人们的别墅全部征用给孩子们住。工党政府努力地这样做，不是迷信任何主义，而是维持人民的士气，让每个人觉得眼前吃一些苦是有意义的。生活一有意义，就甘心情愿地发奋工作了。人本来是个奇怪的动物，为了来世上天，却可以把现世的幸福舍弃。人是有将来的，因为他们愿意为将来而受苦。

我耳边似乎只有“为了下一代”五个字。也许是我那天累了，整天没有出街，显得又兴奋，又疲乏。康利小姐看我靠着沙发，不发一言地望着她，感觉到有一些不自在。她看了看手表，起身要告辞了。我也清醒了一些，跟着站起来。

“康小姐，我很想出去走一下，活动活动。”

“我就住在小学附近，从公园那边抄出去很近。”

我陪着康利小姐走到了小学校的门口。门口正停着一辆教育局的运货车。工人们忙着在卸货，有蔬菜，黄萝卜，鲜红柿，牛肉。康利小姐指着这车说：“每天这时候，孩子们下一天的食物就送来了。厨房在学校里。听说曼彻斯特比伦敦组织得更好，全市有一个集中的大厨房，请了营养专家监督，每天要预备好几万孩子们的午餐。”

我笑了：“我可不愿吃这种大规模生产的伙食，根本没有味儿。”

康小姐：“你们自己不煮饭，有太太来侍候的人，自然可以讲究味儿，反正不劳你们的手，对不对？但是多少女子就为丈夫和孩子们的口味，关在厨房里了。我们现在正需要小学教师，不能不请你们这类丈夫们吃吃没有味道的伙食了。”

“我并不打算讨论我最不懂的妇女问题，但是为了下一代……”

“对了，你记住这一句话，就懂得我们了。”

运货汽车卸下了东西，又匆忙地开走了。这是英国复兴的保证。公园里满地是黄叶，黄叶覆盖着明年的嫩芽。

1947年1月4日于伦敦芦叶寨

悼爱玲·魏金生

“爱玲死了。”像是一阵严肃的煞风吹走了茶室里女同学们脸上的笑容。2月6日，本是英国妇女们得意的日子：29年前就是这一天，英皇宣布了妇女参政的权利。50年来不住的奋斗，得到了胜利。权利的获得却也正是责任的开始。还不到30年，为妇女们证明争取参政权利并不是为了点缀或嫁妆，而是为了要分任男子们服务社会责任的爱玲·魏金生女士，却就在2月6日与世长辞了。责任是重的，服务是苦的，爱玲就在这责任和服务底下，消耗了她的青春，抛弃了她的家庭幸福，最后积劳而死。三十而立，英国妇女的政治生活应该快成年了。在成年前夕，谁知道上帝是什么意思，一定要挑定这一天来警告已获平等权利的英国妇女，而且用那妇女运动最成功的榜样，爱玲的死亡来作此警告：要权利的不要忘记了责任，权利不但要人的生命来争取，而且要人的生命来维护。

爱玲·魏金生女士是现任英国的教育部长。我在上一次通讯中刚提起过英国怎样在努力去保育他们的下一代。若容我重复一遍，这努力不但表现了英国骄傲的魂灵并没有挫伤，而且使现有种种贫乏和艰难都成了过眼的云烟。更具体的说来，教育的民主化是维持目前刚发轫的社会主义的英国的必要条件。现代政治趋势已否认了一个不是平民自己组织的政府能为平民谋幸福的。换一句话，for the people 的政府一定得 of the people 和 by the people 的。可是问题是在平民的教育，很多怀疑民主政治甚至民主社会的人，认为平民缺乏远见，缺乏程度。他们不能担任领导人类走上更理想的路程。最近英国卡车工人不接受工会劝告而罢工的事，又给若干怀疑民主的人士，振振有词地说，工人没有政治责任感，在这运输已因天气的冰冻而发生阻碍，真不应该再来这一手和工党政府为难。这套批评并非全无根据。可是即使假定是正确的话，也只说明了，在过去的社会中，平民没有机会养成他们的政治程度；没有给他们足够的教育，以致他们不能有效地表现他们对政治的责任感。罪不在他们，而是在过去的社会制度。要改变的不是平民已争得的表现机会，而是以往的社会制度。这话在理论上是立得稳的，但是站在民主岗位上的人，却应当在事实上促进平民的责任和兴趣，这是教育。

英国的“贵族政治”建筑在不平等的教育机会之上，托尼教授的《平等论》一书中分析得很清楚。一个工人的子弟没有希望进“贵族学校”，而英国传统的上层阶级却差不多被几个著名的贵族学校的毕业生所包办了。工党政府决不能长久维持在“贵族社会”的基础上，他们必须开放教育机会，必须使国家的人才可以自由发展。所以他们立下了在今年6月里要实行的教育法案：提高强迫教育的年限，依智力和成绩给优秀学生奖学金，以资深造，扩充基本教育的教材和设备，增加教师数目。这保育下一代以保障社会主义英国的责任却降到了身高不及5呎[①]的爱玲肩上。这是她战后的任务，是她正式入阁的初次，1945年开始，那时她已53岁。有名的红发已经灰白。

漏网之鱼

以爱玲来担负教育和培养下一代人才的任务，实施民主教育，是最适宜了，因为她一生的奋斗和建树的经过就是一个见证，见证平民中是有人才的。只要有适当的教育使这些人才不致浪费和埋没，社会可以从这些人

①呎，英制长度单位，现写作“英尺”。1呎约合0.3048米。——编者注

中间获得最有力的热忱服务者。若是没有人能说爱玲从政的成绩赶不上任何其他的教育部长（事实上，即是丘吉尔也是她的赏识者），也就没有人敢说贵族社会是培养人才的有效结构了。爱玲是曼彻斯特工业区里的平民。她的父亲是纺纱厂里的工人。家里一共有四个孩子，爱玲排行第三。工人们的孩子绝没有靠他父亲的工资获取高等教育的可能。她受完小学教育之后，就面临了失学的威胁。那时曼彻斯特的中学和大学有很少数的奖学金。她侥幸得到了。可是她记得有很多和她能力相同甚至更高的同学，却因种种原因没有升学的机会。她是贵族教育中的漏网之鱼。她自己的经验使她坚信，社会最不公平的事是教育机会的差别，更不公平的是这差别建筑在孩子们父母的财产上。孩子无辜，有什么理由，除了生错了地方，使很多有才干的孩子不能为社会尽他们最大可能的贡献呢？她更觉悟，不幸的不只是孩子们个人，而是整个社会浪费了它最重要的资本——

人才。

穷苦出身的人才在历史上并不少。但是这些人一旦爬出了自己的穷苦邻舍，也就忘记了他们的同伴，好像世界上不再有穷苦的人了。爱玲显然不是这种人。她侥幸得到了高等教育，她的志愿在使穷苦子弟得到高等教育并不成为侥幸的事，而是应该的事。在她53岁的暮年，她的志愿已成了国策，可是她并没有看见在她尽力奠定的基础上，将来会建筑出怎样的宫殿——“爱玲死了”。

小火点儿

爱玲不但是工人的孩子，而且是个女孩子。她要为她同伴争取社会的政治的权利，但是既是女孩子，本身就没有争取这些权利的权利。当她得到了高等教育之后，她发现她只能去做一个待遇清苦的教员，她不能投票，政治并不是女人的事。是的，爱玲并不是觉得教员的职务太低，她自觉的责任是在教育；但是她明白这不合理的教育制度并不能使她达到她的目的，给每个有为的青年，不论贫富，相等的发展机会。改革教育是政治问题，不是一个教员可以做得到的。在女子没有顾问政治的权利的时代，像爱玲这样一个人怎样能影响政治，实现她的理想呢？于是她一面要为工人的利益奋斗，一面还得为妇女争取参政权。1912年，这个21岁的少女加入了独立劳工党，她的雄辩和身材赢得了“小火点儿”的绰号。下一年她组织了妇女参政全国总社。经了第一次大战，妇女参政的权利是获得了，可是“小火点儿”年龄太轻，1918年初次妇女参政，她却没有资格投票。一直到1924年她才被选为国会议员。从那时起，除了1931到1935这四年，她没有脱离过威斯敏士特的巴力门。

1935年送她重入巴力门的是曼彻斯特附近的加乐。

加乐本是一个造船业的小城，这小城的人民都是靠这行业生活的。第一次大战之后，不景气的狂潮逐渐卷到英伦。造船业的大王们要维持他们的利益，决定紧缩政策，把几十万的工人生活置之度外。加乐首当其冲，成了英国不景气时代最严重的“萧条区”之一。爱玲是加乐的人民代表，她面对着这不景气的狂潮，眼看这些没有人性的特权阶级出卖工人的生存权利，她不能不负起抵抗的责任了。这责任是沉重的，因为在巴力门里她的声音被绅士们的冷笑所掩盖了。于是她组织了英国历史上著名的“饥饿请愿”。英国各地失业的工人，步行到伦敦来游行。这红发女郎却站在加乐队伍的前列，一步步地走向巴力门，背后是2000失业的工人。

天上下着雨，队伍在泥路上前进。“雨打落不了我的精神！”爱玲领着大众唱着歌，歌声激起了他们的勇气，进入了已有万人会集的海德公园。保守党的绅士摇着头，奚落她，可是他们读了爱玲的《被屠杀了的市镇》，也没法替他们的良心洗刷了。当前政府的《工业地点分配法案》就是“饥饿请愿”的收获。

徒手的空战

“小火点儿”有的不但是动人的雄辩，感人的笔调，而且有办事的才干和服务的责任心。丘吉尔在敌人已经扫荡欧陆之后，受命组阁时，他排定了爱玲做保安部的国会秘书（相当于政务次长之职）。保安部的职务是在保障空袭时人民的安全。谁也不会忘记希特勒对英空中闪击的严重，同时谁也不能否认希特勒失败的开始是在“英伦之役”。在这闪击中，英国人民能在巨火和重弹下从容地疏散妇孺，维持士气，固然是无数人民共同造成的奇迹，但是这身高不到5呎的“小火点儿”所贡献于这奇迹的实在无可限量。她为了职务，愈是空袭得紧，她的事务也愈繁重。她自己开着一辆小汽车，向着被轰炸得最惨的地方开行（她不要汽车夫，因为她不愿见任何人冒着不必要的危险）。有一天，大火正在狂烧，一个消防队员，在火光中看见一个小小的影子，急促前进。“站住，这是危险区，快停。”走近一看是大家熟悉的爱玲。在职务下，对于爱玲是没有“危险”两字的。一个组织防空设备的人决不能享受这设备。爱玲冲过了火焰。她是徒手在向纳粹的空军作战。多少生命被她所保护了。丘吉尔在纪念她的演说中，追忆这位战士说：“她以忠诚，热忱和同情去担负她的任务。勤劳，勇敢，熟练和亲近是她的特长。”

55年的生命对于爱玲似乎是太短了，可是她并没有浪费过这短促的生命中任何一刻。她可以瞑目，因为在这55年中，她所梦想的已逐渐成了事实。英国已在她的一生中变成了另一社会。很多人羡慕英国可以不必流血获得它的进步，他们应当知道英国确是有无数的人贡献出了整个生命去求理想的实现。53年前有谁会相信这曼彻斯特的小屋里所诞生的女娃娃会在53年后主持着民主教育法案实施的巨任？在英国能有这种事迹出现，说明了这个国家在现代历史上所以能占重要地位的原因。

“爱玲死了”。但是爱玲却已善用她短促的生命奠定了无数爱玲可以像她自己一样发展她们才能的教育制度了。

1947年2月8日于伦敦芦叶寨

访堪村话农业

在决定要回国前的两个星期，我到离牛津20里的一个村庄里去拜访我在中国早就相熟的一位老朋友。他约我到那村庄里去的原因是在要我知道英国并不是一个偌大的都市，也有乡村的。我曾写过几本关于中国农村的书，所以他极力主张我必须费一个周末去看看英国的乡村。我也很愿意尊重他的意思，除了私人的感情外，我已很久听到英国要增加农业生产和改良乡村生活的话。譬如说，政府已定下了农业里的最低工资，在乡村里开始建筑现代化的住宅，低价租给农民居住等等，这些早就引起我的注意。不幸是我碰着这大冷天，住定了实在不想动，若不是我那位朋友的怂恿和邀约，我不会在下雪天下这下乡的决心。

都市的后园

这个村庄名叫堪德灵顿。我那位朋友温德先生在那里已住了半年，借了两间房，写了一本书。我提到他不但是因为他是带我到这村子里去的人，而且我也想藉此指出英国乡村的一个特色，那就是英国乡村多少已成了为一些不需要常住在城市里，而又想暂时享受一些清闲生活的人预备下的一个短期避世的别墅。在局外人看来确乎是很有意思的；在乡村里生长的人一批一批地离乡入城，但是在城市里住厌了的人却偷偷地避入了乡村。所以我在到车站上来接我下乡的小汽车里曾笑着和温德先生说：“你希望我看到一个英国的乡村，但是我怕我看见的也许只是你们都市的后园。”

英国人至少有一点和美国人不同，他们有着和泥土接触的爱好。理想的老年是在后园里种花。我在云南呈贡乡下居住的时候，也常有些英国朋友来找我，他们来了就很起劲地帮我挑水种菜。在英国，就是在拥挤的市房背后也常常能见到相当精致的小花园。在这传统之下，我们很可以想像得到，像伦敦这样热闹的都市附近，自然会发生许多“后园”性质的乡村了。我所谓后园性质就是指那些乡村在经济上并不能自足，并不是靠经营土地，出售农产品来维持生活的，而是靠许多在外边寄钱来乡下享清福，种种花草的人来支持的。

我这样一说，温德就向开车的克太太说：“你说是不是?”原来克太太是堪村的审判官，又是最热心公务的绅士太太；她若不热心公务的话，也不会特别开了汽车来接我这个国外的访问者了。温德问她的原因是在她多少也是这种后园里居住的人物。她的先生是伦敦的一个富商。他们向原来堪村的大绅士买了那所犹如博物院的大宅子和几千亩农场，而且还有一个据说是模仿中国亭园的大院子。克太太是极能干的，她住在大宅子里经营农场，有几十头乳牛，有几百头羊，可是，她尽管这样努力经营，农场的收入并不能维持这大宅子里的开销。这个新式的乡村绅士依靠伦敦的市场。伦敦的大商人愿意破费一些在乡下维持一个大农场，目的显然并不是经济的，而是社会性的，多少和平民住宅背后有三尺地种花的性质相同。

农业的式微

尽管温德先生想要我有一个英国也有乡村的印象，英国的骨子里实在已经很少土气。在乡村里住的人只占全国人口20%。这数字很有意思，因为这和中国刚刚相反，我们只有20%左右的人不住在乡村里。中国若是一个乡村国家，英国自然可以说是都市国家了。

英伦这个岛多少已成了一个大都市，但是这也不过几百年来的事。500年前他们和我们也差不多，大家是靠土地吃饭的。自从这个岛国的海上交通发达之后，他们就发现向海外去买粮食回来比在自己的土地上长粮食来得便宜。英国的气候和土质很适宜于长了草养羊。有一个时候，英国的羊毛算是最好的，于是他们把农田圈了起来养羊了。这本来极合乎土地利用的经济原则；要地尽其利，必须分工。世界各地在自由竞争里去发现最适宜于当地的出品。综合起来，消费者可以得到最便宜的用品。譬如我们要在北极长橡树，并不是不可能，若是我们肯费钱去造个大温室，像伦敦植物园里的热带室一般。但这是不经济的，因为在热带长橡树不必造温室。同样的理由，英国大可不必去种粮食，用土地来经营别的作物，得利更大。

英国工商业逐渐发达，而且在第一次大战之前，可以说世无其匹。它控制着海上的运输，可以向世界任何地方去收买最便宜的原料。本来觉得有利的羊毛都觉得不如向澳洲和印度去输入了。牛乳不如北欧，肉类不如荷兰和丹麦，一步一步，英国在农业上撤退下来，成了个不必自己耕植畜牧的国家了。农业的式微使乡村的经济基础彻底改变了。若是没有那些像克太太或温德先生一般的人带了钱下乡，在农业里赔钱，或津贴乡下的房东，乡村也就留不下人，留下的生活上也必然见得更寒酸，绝不能和都市里的摩登人物并立了。

英国农业的式微并不是英国经济的没落，相反地，倒是表示英国经济的扩展，在工商业里得到了充分的发展机会。这机会是靠两个柱子顶住的，一是工业技术的优越，一是海上运输的畅通。在这两个柱子上加上一根横梁，自由贸易，就是英国过去所享受的经济结构了。

从第一次大战起，这两个柱子已经出了毛病。在战时海上运输受到阻碍，英国的粮食立刻发生恐慌。这倒还是暂时的现象，更持久而且更危险的是英国在工业技术上已拿不稳优越的地位了。这一层也许还能靠自己努力来克服。最严重的问题是起在横梁上，先是关税壁垒，后是统制经济，把英国经济基础自由贸易打得落花流水。英国的粮食大部要靠人家供给，而粮食又是急不待缓的东西，自然是容易被人控制的把柄。于是，英国不能不重新注重农业了。英国要注重农业，表示了他们的经济已走出了扩展的时期。

社会的重心

复兴农业在英国是十分困难的。若说一纸公文就能改变社会的风气，那就容易了，因为现在执政的工党，确是想向稳定经济力求自足的政策上求出路的。问题是在乡村本身缺乏肯担负起繁荣和建设地方的重任的领袖人才。在战时，政府已经尽力地用津贴政策提高农民的收入，这政策能否持久固然还有疑问，即使可以继续，至多不过做到经营土地有利可图，但是这一点经济上的利益，并不能使乡村里的青年不向都市跑，并不能使农业成为一个有吸引力的职业，除非乡村生活能达到都市里一般的现代化。物质建设上政府还可以设法鼓励，好像近来的乡村水电计划等。主要的是在乡村的人民能自动和自发的努力，使在乡村里居住的人能感觉到生活不但有着落，而且有希望。这并不是像住厌了都市的人来乡下隐居，或是有钱的富商想在乡下买个大宅子做绅士，而是要认真地把乡村建设成一个生活中心。这又要一种新风气，有人才出来领导。我到堪村去访问的原因也就在看看英国乡村中是否已有了个社会重心。

我记不起不知在什么书上读到过，英国乡村里主要的社会人物是绅士（大地主）、牧师和小学教师。因之，我就请温德先生介绍我和堪村里这三种人物见见面。堪村以前确是有一个大地主，村子里的人全是他的佃户和帮工。在英国传统的封建制度中，地主的权力是极大的，他不但是经济上的主人，而且其他社会生活他都可以干涉；但是这种地主已经过时了。现在那位买得这田产的克先生，每星期只回来一次，和村子里的人并没有直接接触的机会。克太太是极热心服务的人，村子里谁有病痛，她会开了车来送病人进医院。在战时，她照顾了几十个孩子和许多疏散出来的人家在她的大宅子里住。

像她一类的人在英国乡村里并不少。我在克太太的客厅里还见到一位曾经到过中国为中国海关设计和组织防疫工作的医生，现在年纪已经很老了，退休在堪村附近。他忙着为地方的公益服务。但是他们究竟并不是乡村里生长大的人，更不会真正地进入乡村的社区生活。他们不到小酒馆里去喝啤酒，也不常去邻居闲坐。在道德上至多不过是一个榜样而并不是一个领袖。

使我失望的并不是像克太太那样的新地主，而是已失去了作用的旧牧师。当然我希望我所遇着的那位牧师是个例外，如果我所见的确能有些代表性的话，我实在不敢相信教会在乡村中还能有多少的领导作用了。我曾预备了一套问题想请教那位牧师。可是交谈之下，我发觉他的兴趣显然并不在于他教区里活着的人。他也许是一个很好的历史家，或是建筑欣赏家。他对于这地方的历史相当熟，各地教堂建筑的长短，娓娓能道。比这一切更有兴趣的却是鬼。至少在他的谈话中，我已知道堪村有三个鬼。起初我还以为他是说着消遣的。第二天，我从他教堂里做了礼拜出来，他要我走到一块坟地旁的小道上，问我有没有感觉。原来每次他立在这地方就有鬼来接近他的。他很认真地问我，我不能不回答他："我并没有觉得什么，也许他和我是属于同类的。"让我补足一句，那天做礼拜的除了我在上一天拜访的几位绅士外，大概只有两个年轻人我是没有见到过的。

我在堪村去参观过他们的小学，还替一群孩子讲了不少关于中国的话，他们要我写中国字，后来一定要我唱一支中国歌，把我弄窘了。孩子们是到处一样的可爱。我又费了一个上午和那位教师谈话，他知道得很多，但是即使像他一般在堪村已经教过10多年书的人，据他说，学生们一出学校，并不再来请教他解决他们的生活问题了。他是个很负责的教师，但是并不是社会的重心。

此路困难

我那天晚上在一家小旅店里过夜，旅店的女主人很殷勤地招呼我。她很得意地告诉我，她有两个儿子，都复员了，在工厂里做工。她说话时很高兴。我就说："为什么不留一个在你身边，在堪村种种田呢？现在工资不是也提高了么？"她摇摇头："在乡村里有什么意思呢？一辈子种田！"温德先生也告诉我，他房东的儿子们都已进了城。一个工业化了的英国，文化的中心已经建立在都市里了。离开都市不但享受不到现代的设备，而且丧失了社会梯阶上升的机会。“一辈子种田”成了一句表示没有出息的话了。

英国想提高农产，不惜加以大量的津贴，消费者虽没有直接感觉到这笔账，但是纳税者却免不了为此增高了担负。纳税者不还就是消费者么？英国人不敢反对这实际上在降低生活程度的办法，因为战时的经验太近，粮食缺乏的威胁太重。英国若卷入战争，第一个难题就是粮食。于是他们不免要想自给了。其实，他们是可以在避免战争中获得安全的。这条路容易得多，而且合理得多。英国想在短期内改变几百年来历史所造下的风气是困难的。尽管政府想复兴农业，奈何没有多少人肯下乡去。据说现在农业里的工人1/3是德国的俘虏。这批俘虏若一旦回国，农业里缺乏人力的情形立刻会十分严重。

若是英国政府果真能在津贴政策下把农业工作的报

酬提高到在工业工作之上，劳工可能向乡村里跑，但是津贴政策究竟是暂时的。到头来，也许问题更加复杂也说不定。在旁观者看来，英国还不如继续走工业的正路，以三岛的土地去和大陆在农业上相竞争是不上算的。英国的乡村终究会成为都市的后园，让退休的公务员去满足他们传统喜欢和泥土接触的癖好，多些花园式的丛林旷野，点缀这三岛吧。

1947年3月14日于清华新林园

不愁疾病

“无病就是福。”——这句话说明了无病的可贵和无病的不易。稀少是可贵的由来，健康是生活的例外，可以偶得而不能常享，否则生活就要等于幸福了。在我们这个国家，这怎么可能？至少，在我们，病是和生，老，死等无可避免的生物现象相提并论的。其实这种齐物论还是委屈了病。生老死固是无可避免的，正因为它们和四季循环一般地来去自然，我们也很能受之自然，至多不过引起一些悲哀，不是忧虑。病却不完全如此。在我们，病固然是生老死一般无可避免的，那是事实，但是多少我们觉得“尚可为力”。真是能为力了倒也罢了，麻烦的是在“尚可”两字。于是求神买卦，药石乱投，目的不完全在医好病人，而是在心理上求些安慰，成了病者的亲人们的安心之术罢了。

病久了的人会说：“死了倒好了。”这是真心话。人最苦的是忧虑，负着一项自己没有能力来控制的责任。忧心如焚，比身体上的痛苦更难受。我们有人割股疗亲，其义是在以肉体上的痛楚代替或转移心理上的忧急。

若是医学不发达，病不过是死的开始，人只得练习耐性，应付这无可奈何的人生。“尚可为力”的“尚可”成分减少些，就不必勉为其难，忧急之情也可以变成悲而不愤。在一个医学昌明，疾病确是可以治疗，而同时却又因种种阻碍得不到治疗的情境，才是最使人痛心，尤其是那些没有多大理由的障碍，好像没有钱，请不起医生，买不起药。

在抗战那几年，我自己就亲自尝过这苦味。当然我还算是幸运的，孩子生了病，还有朋友肯借钱给我。但是在开口借钱去求医买药的时候，我怎能不感觉到世界的不合理？想到那些因为缺乏几个钱而眼看亲人可治而不得治的人，更不能不感觉到这个社会的可憎了——这种感觉我相信一定是十分普遍的，试问现在世界有多少人能有病得治？我也因之想到，若是每个人都有了一个保障：凡是有病，必然可以得到人类知识所已经允许的疗治，人对于病也就不会忧虑了。我并不敢奢望人间没有疾病，但是要人间没有因疾病而引起的忧虑，那是应当可能做到的。

这次我到英国去，最受感动的也许就是他们正在计划实行的全国健康保险的政策了。

一个穷孩子的自誓

大概在四五十年前，英国威尔墟地方有一家贫民，姓比万。他家的孩子安内林整天不痛快，因为他的父亲老是生病，一病之后就不能去上工。又因为他们没有钱请医生，他母亲心情极坏，弄得一家生趣索然。他默默地想：这究竟是怎么一回事呢？世界上没有人愿意生病，疾病找到了人家头上来。有人是工作过度，有人是营养不足，有人是被传染了，都不是他们的过失。但一生了病，却要这已经倒霉的病人自己负责了。社会上非但不帮他医治，而且高利贷的人乘机来剥削他，走方郎中乘机来愚弄他，太太向他发脾气，邻舍把他看成危险人物，远远地躲开他，儿女跟着失学，受冻，受饿。疾病是人类共同的敌人，可是社会却并不合作了去应付它，反而利用它来谋少数人的利益，让多数人受罪……这孩子好像受到了启示，他自己发誓，他要在一生中去征服这敌人。即使不能把疾病驱出人间，至少也要把社会组织起来共同对付它，使任何一个病人不致在疾病本身给他的痛苦之外受到任何额外的磨难。

安内林·比万（Aneurin Bevan）就是英国现任的卫生部长。他已经在国会里通过了他的健康保险法案的初读了。

社会保险的意义

让我先借这个机会讲一讲什么叫社会保险，换一句话说，怎样把社会组织起来合作应付各人相同的个别危机。这个原则其实并不是什么新奇的西洋景。在我们乡下原是很普遍的，只是我们没有像西洋国家一般扩大利用这原则，增加这原则的适用范围罢了。

在我们乡下，婚丧大事必须大大地花一笔钱，一个普通的人家一下子拿不出这笔钱来；若是借债，利息太高，最通行的方法是结个钱会，云南人叫“上赉”。钱会的办法是聚集若干人，每期每人都拿少数的钱出来，合起来交给一个需要钱花的会员。全体会员先后都轮得着，所以没有人会吃亏，而同时把每个人的整个担负分成了若干期去支付了，也就把危机性消弭了。

社会保险的原则就是这样。每个人都有生病的机会，若是每个人生了病单独由他一个人去应付，可能没有这笔钱去请医生了。若是很多有生病可能性的人合作起来，每逢有人生病，大家凑钱出来请医生，从每个人说，就不会有请不起医生的危险了。再进一步，若是合作的人多了，有钱可以为大家包一个医生，谁有病就可以去找他。这个医生既然向这些人负了治疗的责任，他要减少求治的病人，他必然会对种种预防的办法有兴趣了。

以往的医生都有个矛盾。一方面他的责任是在治病，另一方面他的收入却是靠有人生病。坏的医生会因顾虑生意经起见，把一天治得好的病，拖几次方治好它。而且在一个以治病作为生意的社会里，有医学知识的人对于卫生事业总不会太热心的。要用医学知识去消弭疾病，就是取消依靠疾病得到收入的职业，这就必须把医生的职务变成社会服务。治疗是不得已的善后，卫生才是真正的任务。

英国现在想大规模全国举办的就是这件工作。

劳合乔治的成就和限制

英国用保险原则来应付疾病已有相当长的历史。最著名的是劳合乔治在上次大战时所立的劳工保险法。这个法案规定了一切雇员每星期都要付4便士的保险费，他的雇主再赔上6便士，合成10便士。每个工人有一本小册子，每星期贴上这10便士的保险印花。有这本小册子就可以有权利在失业时得到失业保险金，在疾病时不必付钱可以得到治疗和医药了。

劳合乔治的保险法案只包括工人。假若工人的家属有人生病，他们就不能享受免费医治的权利。而且凡是没有雇主的人也就排斥在外。小学教员自己有另外的组织，可是其他公务员，农民，小商店的主人等就得自己掏钱请医生了。比万所提出的法案就在想推广这原则，包括全体人民。

保险方法可以做到的是征服因疾病而得不到医治的忧虑。可是基本的问题还是在怎样加紧对疾病本身的征服。那是医学的发达问题。事实上，医学知识和实用的治疗方法之间还是有很大的距离。不但是做医生的大多还是用10多年甚至半世纪前的医学知识在治疗病人，而且即使有够得上现代医学水平的医生，他们也时常没有适当的设备去应用所有的知识。在中国这些困难的严重性固不待言，即是在英国也并不太比其他国家为强。

英国的医院大多是靠私人捐款维持的，不但规模小而且分布又极不均匀。据现在的调查，不满100病床的医院占全数70%。不满30病床的尚占30%。分布上说：在South Shields每4100人有一医生，在Bath每1590人有一医生，在Hastings每1200人即有一医生。又如在Bristol 3.4万人的社区里不久之前一个医生都没有，可是离这地方不远的Taunton，人口相等，却有18个医生。在这种情形下，医药现代化是不容易的。为了要增进医院的设备和医生的素质，就得把整个医药制度的经济基础根本改造，从捐款和做生意的原则变为公益和服务的原则。只有由国家从保险费和国库来支持和根据人民的需要加以计划，才能达到现代化的目标。

比万方案的阻力

比万的方案进行得并不太顺利。他的方案在人民的立场上看固然是再好没有了，但是这是革命性的，因为这个新的医业国家化制度会使许多依靠传统制度得到利益的人受到损失。这些人不肯接受这新的方案。他们并不是病人或是可能害病的人，而是医生。当我们到伦敦不久，就在报上看到医生协会举行投票：反对这法案的医生却占多数。这使比万很为难。若是多数医生不接受这方案，他的方案即使在国会里通过了，还是不易实行的。

有一天下午我在一个茶会里遇见了一位新从医科大学毕业的实习医生。我就问他的意见，他告诉我说：“若是你分析一下这次投票的结果，就可以明白为什么这些医生要反对这方案了，反对这方案的医生在年龄上说是较老的，在业务上说是自己挂牌的。”

“为什么他们反对呢？”我还不明白。

“在英国要自己挂牌是不容易的。医生的排场必须相当阔绰，所以收入不能太少。要把稳一定的收入就得有一批老主顾。英国的医业发达得很早，每个可以有主顾的区域里都早已有老医生占据住。一个新出笼的小医生是不可能找着足够维持他业务的主顾的。他若进医院，工作忙，薪水少；若想自己挂牌，立诊所，只有向老医生出钱顶他的熟主顾。这笔顶费相当大。老医生拿这笔钱作为养老费用。这个办法已经成为习惯。现在医业若是国家化了，没有钱顶诊所的小医生，或是本来在医院里服务的医生，自然没有关系；可是已经出了顶钱的人可不是要发急了么?”

“政府不是规定了退休的医生有养老费的么?”我问。

“可是这数目是一律的，而且不会像顶费一样高。”

“他们若不愿为国家服务，不是可以继续他们自己的业务么？比万不是屡次声明决不对私人营业加以限制么?”我又问。

“这是理论，实际上普通人民每星期出了几便士的保险费之后，可以保障在失业或患病之后得到照顾，谁不愿意？他们怎么会花几十先令去请私家医生呢？而且公家的医生所需的设备由国家供给，技术上也可以比私家医生高明，私家医生哪能顺利地继续他的业务!”

我接着说:“那不是一般人所希望的么？有病一定

能有医生疗治，而且医生的医道又可以提高，那是多好呀！”

“可是这些花过顶费的人却不愿意，他们为了私人的利益不能不出来反对了。”

“先生，”我说，“他们反对的理由并不是这个，而是说若是医生成了公务员，就会不认真看病了。”

没有等我说完，那位小医生好像受到侮辱一般的抗议了：“这样说，医院里的医生不及挂牌的医生了。事实恐怕刚相反！也许说这些话的人，在自己诊所里可能并不是认真治疗而是在生意经罢。”

当我离开伦敦时，比万已经允许和医生协会作恳谈，问题也许真的并不在公私方式的长短上，而是在政府必须保证这些已经在业务里投了资的医生不致因新方案的实施而受到损失。关于这一点，素以善于让步和宛转的比万必然会和这些医生得到协议的。重要的是英国一般的人民绝不会为了要维持几个老医生的特殊利益而愿意把自己的性命交给命运去决定。在比万的背后有着坚强的舆论，这一个使人民不愁疾病的法案，在我想来，必然很快就会成立的。

1947年4月4日于清华新林园

从《初访美国》到《重访英伦》

我在两年多前写《初访美国》时，曾以罗斯福总统的政治和经济设施作为平民世纪的发轫。依我的看法，政治民主，每个公民都能用选举票去影响政治，必然可以确立为大多数人民谋幸福的政府，这个政府所采取的经济政策也必然会限制私人财富的无限累积，必然会提高一般人民的生活程度，于是也必然会走上以社会福利为目的的经济道路，以达到经济民主。我用自由和平等的两个目标来说明政治民主和经济民主的要义。在美国历史中，自由和平等的“幸福单车”曾经出过毛病，但是罗斯福的加强工人组织和提倡TVA一类的经济修正，使这“幸福单车”的两个轮子，自由和平等，重又配合上了——这是两年前的话。在这过去的两年里，在美国连续地发生了一连串在我看来不太使人高兴的事。罗斯福死后，新政有关的人员差不多都退出了政府，而且“新政”竟成了个红帽子。不久，罗斯福的反对党在国会里占得了多数，反劳工的政策已跃跃欲试，呼之即出。使富有者多担负国家费用的所得税的累积率要减低了。在国际上，我在《初访美国》所担心的“美国世纪”主义抬头了。这一切似乎把我在那本书里所提出的乐观看法罩上了一个黑影。

美国在过去两年里的政治对于世界民主运动有着很坏的影响。也许美国人民自己并不觉得，但是在我们想在尚没有达到民主政治的国家中建立民主政治的人看来是很痛心的。美国政治上的民主有着光荣的成就，那是没有人否认的。但是在经济组织上，虽则确已提高了人民生活程度，但是独占事业的发达，不景气的循环，失业的威胁，在“平等”的尺度上讲，很有理由相信，他们的组织并不完美（我们且不提种族偏见所造成的社会不平等）。爱好美国的人，如我在《初访美国》一书中所表示的，总希望美国的自由和社会平等并不是相冲突的，即使过去两者并没有平衡的发展，在将来，两者还是可以相互并进，相得益彰。不幸的，战后的两年，美国对内对外的政治动向显然是抛弃了罗斯福的进步主义，开始走回头路了。这使我哑然，使我感觉到分外的不安。

在这种局面下，不免使我想到另一种理论了。欧美民主所标榜的自由并不是全体人民的自由，而是少数人的自由。最初这少数人用自由的许诺以获得人民的拥护，以克服中世纪封建所给他们的束缚，但是一旦得到了自由，就独占了这权利，变成了自由竞争，自由压迫人，自由剥削人的自由了。在资本主义的国家，政治民主不过是一种烟幕，不过是“以财富获取权力”的公式。政治民主如果要威胁到资本主义经济中的特权阶级，这个阶级就会破坏政治民主，而走上法西斯的道路。德、意是个前例。特权阶级绝不会自动放弃他们的特权。从资本主义到社会主义的过程中免不了要有暴力的争斗。无产阶级的革命是必然的。

美国这两年的趋势，不幸得很，似乎在佐证这种理论了——这使我写完了《初访美国》之后，默然了。

于是，我的眼睛转向了英国。英国怎样呢？英国过去的历史似乎也佐证了社会主义不经过革命不能实现的说法。麦克唐纳的工党政府一无成就，结果不但没有做出一毫社会主义的政策，甚至比劳合乔治的自由党政府都不如。劳合乔治还立下了劳工保险法，而麦克唐纳除了自己受到了英国上层阶级的恭维外，只是宣告了不流血革命是个梦想，一个很可爱的梦想。

但是，这次战后，工党又执政了。是否会又是一个麦克唐纳的政府呢？如果工党执政之后能实施社会主义的政策：能把财富重行公平分配，能把决定经济生活的权力从少数私人转移到选民手上，能普遍地提高人民生活程度，能解决失业的威胁，能给每一个人在社会里充分发挥他服务社会的机会，能使人民达到无虞匮乏、无虞威胁的自由……如果能做到这些，而所有的手段并不包含暴力，并不新奇，仍是一个选举柜；如果能这样，我们至少还可以希望经济民主是可以从政治民主中诞生；我们还可以希望一个平等和自由并驾齐驱的社会实现。

我们对于英国战后的情形太少事实的报道。报纸上所不厌发表的是英国的对外关系。工党上台之后在对外关系上，在今年以前的确没有什么改变，即使是袒护英国的人也不能在他们对希腊的政策上看出什么和保守党政府不同的作风来。我在《行前瞩望》一文中，已经说出了我们和其他朋友们那时对英国的惋惜。但是英国在一年半中对内是否有些新的措置呢？在报章杂志上实在不容易找，结果我觉得非去亲自走一趟看看不成了。

朋友们中有人说我是属于“软心肠”一类的人。我想他们说得很对的。“软心肠”的人才希望不必开刀，吃些“消治龙”就能医治盲肠炎。“软心肠”的人愿意在别人性格中看取“有希望”的一方面。《初访美国》表现了我忽视了美国的反动势力，而太偏重了进步的倾向（虽则我一直到现在还是维持着对美国进步势力的信念），以致过去两年的美国动向有一点出于我意料之外。这些是“软心肠”者的弱点。但是如果我们想向人家学习，该学习的自然不应该是人家的坏处。在教育的立场说，责己须严，责人须宽，确是有见地的。“人家都这样坏，我亦何妨坏”，决不是劝人为善，或是自己勉励的道理。

凡是预备读我《重访英伦》的朋友们不妨明白我的弱点。我不愿使人有一种印象，以为天下有十全十美的东西，但是为了互相观摩，我们也不妨多取人之长，少说人之短。我的心目中无疑的是在我们自己国家的成长。

从长处去看英国，这次战争确是给了他们一个自新的机会。他们在战后所开始的社会主义的试验，正是给我在上面所提到的疑案的一个正面的答案。我在回国途上很高兴地自慰说：几万里的旅程，三个月的光阴，并没有白费。我又可以相信，如果人肯努力的话，社会主义的目标是可以从政治民主的道路上达到的。英国是一个摆在眼前的例子。

在我《重访英伦》的8篇通讯中，自然不能把工党在过去一年半中所做的事全部记下来。而且因为写作的时间和环境都不能容许我多思索和多参考，所写的不免感想多于事实。让我在这小册子的背后，提纲挈领地把工党执政的经过和所有对内政策的原则大略说一说。

工党是1945年7月26日得到了在国会中多数党的地位，在这次竞选时，德国已经投降，而日本还在进行战争，普通人民还不知道战争要维持多久。丘吉尔挑定了这时候要求大选，据说是有作用的。他想，在战争将完未完之际，他的功绩和才干可能成为决定性的政治资本。他似乎在事前很有把握，而且从宣布大选到投票的时间很短，工党有一点措手不及的感觉。

有一位英国朋友知道我回国之后一定会写文章讲英国，所以他特地叮嘱我不要忘记告诉中国的朋友们当时选举的情形。他说："我们那时真不敢预测保守党是否会失败，我想丘吉尔一定以为他会胜利的。你没有看见当丘吉尔旅行演说时人民对他热烈欢呼的情形，大家真是狂了，这位挽救英国的英雄。也许太热烈了，他的演说内容大家都不去注意了。从当时民众所表示的热情来看，保守党继续执政可能毫无问题。保守党也太看重了丘吉尔的声望，所以在政策上，选举策略上不免忽略了。7月26日那天选举揭晓，真是个晴天霹雳，工党竟以393席绝对优势得胜了。保守党损失了181席，也是空前的，和丘吉尔声望之高一样空前。”

他语气加重了，声音放慢了和我说：“这是我们英国可以引以自骄的一点。我们可以热情，一点不是假的，感激一个有功的人，但是就在这天，我们可以静悄悄地在选举柜前投下另一党的票子。人和政策是两回事，过去的功绩和将来的服务又是两回事。”

是的，英国人民的政治程度也许没有别国可以赶得上。他们每个公民都知道投票不是件发泄感情的动作，而是一项公民的责任，是决定自己和决定英国命运的大事，绝不能苟且。他们听各党的言论，比较各党的政策，从理智得到决定，冷冷静静地去完成公民的任务。这样，政治民主才有内容，不是个烟幕弹。这次美国的普选，不但弃权的人这样多，表示了不关心，随意人家摆布，或是消极的不知所从；而且据说有很多只因为“不满当前政府”为理由去投共和党票的。如果这是真的话，美国这两年来不能继续罗斯福的进步主义，并不是民主本身有问题，而是美国人民政治程度有问题，实行民主政治的困难，不在制度而在能力。

英国有这样的人民，才有尊重民主的政治家。丘吉尔得到了出于意料之外的失败时，脑中绝没有想到恋栈的意思。我们可以不同意丘吉尔的政见，但是他尊重英国宪法的精神是可以佩服的。譬如最近有一件小事情，国会里一个共产党议员被一个新闻记者打了一记耳光。这消息传到议院里，首先发言，认为这件事的严重，必须查办的是丘吉尔。他反对共产主义是政治立场，但是对共产党员的保障却是宪法所规定的，他绝不因自己的政见而影响到对宪法的拥护。能做这件小事的人，也是能接受“出于意料的失败”，乖乖下台，让工党去继续执政的人。

保守党继续执政了10多年，工党在野的时间很久，一旦被人民托付了整理战后英国，实行社会主义的责任，绝不是一件轻易担负的事情。英国在这次战争里受到的损失实在不轻。每个在战后去访问的人都能看到已往繁华的市区，如今成了一片片的焦土。如果一查他们的国库的账目，更会令人发生今昔之感。在战争开始时，国库里有6万万镑的资产，债务只有49600万镑。一仗打下来，存款只有45000万镑，而债务却有35万万镑。单单欠印度的债就有11万万镑。英国在战争期间忙着从事军火生产，所以输出额在1944年只剩了1938年的1/3。在战前英国在海外有投资，所得的利息可以支付输入的1/3。战后海外投资全部给了人，以后想在海外买一文货物就得输出一文的货物了。他们想恢复战前的输入额，他们必须一年输出12万万镑的货物，比目前要提高一倍以上。这是说英国穷了。这个工业国家一穷，问题就多了。他们的粮食是无法自给的，甚至香烟的原料都得靠输入。他们必须大量输出才能换得生活必需品。要大量输出，必须提高生产。生产要动力，人工，原料，技术——这许多生产要素，在英国现在已都成问题了。动力吧：煤的产额在减少，石油得向中东去运，而中东的政治背景又特别复杂。人工吧：在战争里损失的不算，现在还有大量军队不能复员；德国俘虏却要送回去了，人口逐渐在降低。原料吧：远不能自足，大部得靠输入。最后，英国工业赖以起家的技术，在过去几十年中也到处落后，赶不上后起的工业国家了。工党政府在保守党手中承继了这一个国力亏损，千疮百孔的国家——他们没有埋怨的可能，不这样没有办法，工党也不会能这样容易得到个社会主义试验的机会的。

就是这严重的局面使英国传统经济组织中的特权阶级明白自己已没有法子维持政权了。最简单的事实摆在眼前，如果要动员劳工努力生产，他们绝不能压低劳工的工资，压低工资必然会引起罢工，罢工可以使生产停顿。当然他们如果把国家的利害放在脑后，只顾眼前，只顾自己少数人的利益，他们可以剥夺劳工罢工的自由，用武力去压迫劳工，这样就必然要停止民主，走上法西斯，而引起革命了。英国特权阶级并不这样，这是他们的长处，也是他们的聪明之处。

工党上台之后，第一是继续战后的限购制度，使有限的物资能公平地根据人民的需要加以分配。这是一个社会主义的基本原则。资本主义的经济组织是根据购买力来分配物资的。如果供给少，需要多，价格就上涨，肯出大价钱的才可以买得到。英国物资已经缺乏，如果让大家争购，物价一涨，势必走上通货膨胀的道路，而引起富者愈富，贫者愈贫的现象。工党为了要避免这有害的现象，所以继续限购。限购是使政府有权决定物资的分配，他们可以因孩子们需要营养而实行公家供给小学生牛乳的办法。

第二是继续有计划的生产。他们想把原料，人工，资本作合理的安排，充分地利用来增加生产，提高输出，使英国的经济恢复战前的地位。这是计划经济。要实行计划经济，他们逐步地要把金融，动力，运输，以及基本重工业收归国有。在一年半里英格兰银行和煤矿收归国有了。铁路和运输国有的法案已通过了。最近土地利用受到国家监督的法案也通过了。电气、钢铁一时还没有收归国有，但是已在计划中了。

第三是承认工作和健康是人民的权利。在资本主义的社会里，失业是被认为个人自己在竞争里失败的结果，贫穷是对失败者的惩罚，甚至一般认为失业救济是违反社会进步的。这一套的看法已经因劳工势力的抬头而被否定了。社会主义者认为有工作做是每个人应有的权利。如果社会不给人工作做，那是社会的不是，应由社会负责。所以由劳工自动的互助保险变成了社会保险，再进而成了政府的责任了。

同样的，每个人的健康是人生的权利，社会有责任使疾病不能任意袭击人；如果预防不周，有人害了病，社会有责任使他能得到人类知识所允许的治疗。

第四是承认每个人有受充分教育的权利。工党政府一方面提高国民教育的年限，依相等于中国的制度说，每个英国人都有权利受到初中程度的教育，不但如是，凡是优秀的青年可以得到地方公费，依他们的能力一直向上升学。这是最基本的自由，每个人有依他的能力在社会上尽最大服务的自由。

以上不过是工党政府已经做，或是已经定下了开始做的日期的重要设施。我们应当记得，在时间上说，至今年7月工党政府才满两年，在这样短的时期内，能做这样多的事，真是少有的；而且，这两年并不是平静的两年，工党的对内对外的处境并不是一溜顺水。

我已说过工党向保守党继承的遗产是个在解体中的帝国，是个式微中的工业组织。而且，他们多年在野，一时不易得到许多有经验的政治家。当然，在他们所得的遗产中也有着无价之宝，那就是一个保证他们能放手试验他们社会主义的宪法，政治程度很高的公民，守法认真的国民性，此外还有一个健全的文官制度，一辈有效率的公务员。当他们上台之初，的确到处发觉人才不足的苦处，在许多部门里，不能及早改变作风的一个原因也是人才不足。据说当时手忙脚乱的情形使90岁的萧伯纳都摇头了："一个穷人掘到了金子，是会不知怎么办的。"可是这副穷相并没有维持多久，不到一年，保守党已没有话柄可以攻击政府能力不足了。

社会主义并不是魔术，工党上台不能立刻把英国的经济健全起来。可是传袭下来的严重的危机却要当前政府负责处理的。英国都市发达得早，所有的房屋也因之破旧不堪，有名的东伦敦的贫民窟，在战前已成了活地狱。德国的炸弹和飞弹把已经十分严重的住的问题弄得更不可终日了。在国会里有一位女议员报告说：她亲眼看见一间房里住着一对夫妇和八个孩子。在战争结束时的估计，有50万个平民住宅立刻需要重造，有400万个住宅已经有80年的寿命，在农村里，如果要吸收足够的人力来经营农业，就得增加30万个农舍。造房子要原料，要人工——原料和人工两缺的战后，政府怎么办？负责应付这问题的贝方在提出了建屋法案后，很冷静地向国会说，1947年年底，虽则我并不能给每一个英国人应当有的舒服的住宅，但是住的问题决不会再使任何一个人觉得伤脑筋了。当时听见这句话的人，真不免为工党政府捏了一把汗。但是我到伦敦时，1946年年底，沿着郊外铁路两旁已经有着大规模的市民大楼出现，在农村里已有一排排的公家出租的小住宅。贝方的支票可能是会兑现的。想想这件工作的伟大，使我呆了半天。国内讲政治的整天在空谈主义，或是在记录宦海的升沉。其实是政治应该从最基本的衣食住行等日常事务上入手，也在这上边去证明得失。工党的成功不是在挂上一块社会主义的牌子，而是在每一个人的生活上表现出社会主义所能给他的利益——生活程度的提高。

煤荒又是一个工党从保守党接收下来的烦恼。英国煤矿在技术及在组织上的落后，以致产额日减。经过了一个战时，再加上了要拼命增加生产的战后一年，储备着为不时之需的煤量差不多都用完了。一到冬天，老天又不帮忙，50年来所未有的奇寒，冰雪阻碍了运输，于是大城市里闹煤荒了。其实不论哪个党出任政府都会碰着这问题的，但是工党却正在台上，自得负责。我们应当注意的倒并不是煤荒的起因，而是政府怎样在这近于棘手的情形中，能安然渡过危机。这使幸灾乐祸的隔海友邦，也惊异了。工党是撑得住的。

工党最大的阻碍不是在国内，而是由国内的处境而引起的对外关系。在战时，英国有罗斯福的租借法案，不必用外汇来购取英国所需的输入品；但是罗斯福一死，战争一停，杜鲁门把租借法案也停止了。一把把英国的喉咙握住。英国在重大的负债之下，绝没有能力靠自己的输出来换取输入。没有了输入，不但英国人将没有烟抽，没有电影看，连面包都会不够的。所以不论哪一党执政，必须向美国（惟一可以向别人放债的国家）

借款。而美国又在杜鲁门执政的任内，金元外交开始抬头的时候。他们不再记得胜利是爱好自由和和平的人共同争取来的，恢复和平也是应当全体和衷共济的，这些在突然发现自己金元力量的山姆大叔全不理会。不但不理会，而且竟想乘着人家打仗打得筋疲力竭的时候，确立他的“美国世纪”了。“美国世纪”是一个经济无政府的世纪，他们不愿意看见任何国家实行和资本主义不合的社会主义。他们可以用各种宣传告诉美国人，苏联是如何可怕。苏联也确有它不完全的地方，所以一到宣传家手里文章也容易做；而且美国人中明白苏联的不多，传统的歧视也助成了对社会主义攻击的气焰。但是英国的社会主义若是成功了，对于美国人民的印象是不同的。不乏远见的美国资本家，自然不愿意工党政府在英国太得意。当英国要在经济上乞援的时候，山姆大叔的机会来了。

工党政府自从向美国借到了11亿镑的债款后，在经济上和外交上真是有苦说不出。他们答应了美国放弃对英镑区内美元统制的办法。一旦放弃了这办法后，美国在英镑区内就可以和英国竞争了。譬如英国向印度购买了1万镑的货物，在统制办法下，印度只能向英国购买同值货物来清算这笔债务。现在不然了。印度可以向美国购买同值的货物，由英国去向美国支付美金，这也就是所谓多边贸易。

英国也允许放弃帝国优惠关税。以往在帝国圈子内，英国货可以靠关税的保护得到对美国货竞争上的优势。这办法一旦取消，英美就在相等的地位上竞争了。事实上是很清楚的，英国在战后经济基础已经动摇，怎样挡得起美国的竞争？所以这些条件等于是把帝国出典给美国了。

外交并不是理想的追求，而是决定于利害的考虑。工党的外交在过去一年半中已成了美国的小伙计。在工党后排议员中也已经屡次表现不满，甚至已屡次“反叛”。但是工党政府有什么办法呢？如果我们分析国会里执政党议员的“反叛”，就很可以使我们明了他们政府的苦衷。本来同属一政党的议员，在主要政策上总是同意的，即使不同意也只在党内会议中发生辩论，很少公开在国会里表示异见。如果这些“反叛”是表示工党内部纪律不严，那么我们很可以怀疑工党本身的能力了。事实上，依我个人看来，这是前排议员（工党中负行政责任的议员）和后排串演的一幕戏。负政府责任的在美国压力之下，无可奈何地只能跟着美国走。但是若是一味跟着走，不但和工党标榜的主义不合，而且可能失去人民的信任。于是不能不让后排议员不断地表示出对政府的不满了。这样一方面向人民说工党并不是甘心做小伙计的，一方面对美国说，不要再压迫了，压紧了可能会走极端的。英国是政治上的老手。如果“反叛”只是纪律问题，我不相信像贝文像摩里逊这些魄力和手腕十分高明的政治家不能制服少数年轻的工党议员的。

政府答复从“反叛”议员口中所表现出来的一部分人民的不满是：除了加紧充实国力，谈不到独立外交。他们最近在帝国内部的殖民地政策上表示出了有清算帝国的勇气，在对国际的局面中却只能忍气吞声，苦了贝文。

我在英国常问起许多朋友，工党政权是否安稳？依英国宪法，国会中如果不发生不信任的事件，一直要到5年之后才重选。所谓不信任是要多数议员否决政府的提案。工党内部如果不发生严重的裂痕，他们拥有超过所有其他政党总数148票的优势，绝不会有不信任的提案通得过的。即是以“反叛”的事例说，他们至多拒绝投票，并没有投过反对票，所以并不会影响到工党政权。5年的期限使工党有充分时间去实行他们的长期政策，而且他们相信在这期内必然可以做出成绩来的。

工党政权安稳了么？并不。他们从美国借来的11亿镑的债款，本来是打算可以用来安定英国经济的。

“这个债款必须是一块跳板，不是沙发。”——这是丘吉尔的话。英国固然并没有把这笔借款消耗在内战里，也没有用来买口红和冰淇淋粉，成为暂时享乐的沙发；但是这个跳板的弹性并不如预期的那么大，并不能使他们从这跳板上一跳而入于平衡的经济。他们用这笔款来买了许多救急的消费品。而且因美国通货膨胀，实际购买力也降低了。依今年年初的估计，还有18个月，这笔借款就可能用完了。用完了怎么办呢?

英国人早就有些发急了。美国共和党的得势使他们感觉到威胁。18个月之后可能碰着个共和党的总统。如果想向美国续借一笔大款，条件可能比第一次更苛刻。上一次还没有太显明的政治条件，下一次谁知道!如果美国说除非保守党出面不肯借款时，工党政府怎么办呢？为了人民生活的着落，是否必须接受这类条件呢？这是谁也不敢预言的。

美国，美国，为了你发愁的岂只是英国的工党!

历史是曲折的，在短距里是难于预测的。但是一个软心肠的人，不愿意世界不断遭受战争的惨痛，甚至可能毁灭的人，眼睛总是向着光明看，即使这光明只有一线。向光明看的人，还是记得罗斯福在美国所做的一切，所允许给世界的一切，以及他所铺下的道路，我在初访美国时所见到的那一条不必流血而可以达到的自由和平等并驾齐驱的道路。就是这副眼睛，这副心肠，又在世界的另一角里看见了同一方向的努力，同一道路上的伙伴，我这样写下了这本《重访英伦》的小册子。但是我似乎已丧失了两年前的天真，我已隐隐约约看到了这道路上的绊脚石。真如拉斯基教授所说的：暴力革命是可能发生的，但是我们为了文化，总得向避免暴力的方向前进。

1947年5月4日于清华新林园

图书在版编目（CIP）数据

伦市寄言 ； 重访英伦 / 张喆主编 ； 费孝通著. 重庆 ： 重庆出版社， 2025. 7. -- ISBN 978-7-229-20191-3

Ⅰ. K956.19

中国国家版本馆CIP数据核字第20250PL503号

伦市寄言 重访英伦

LUNSHI JIYAN CHONGFANG YINGLUN

张喆 主编 费孝通 著

策划编辑：范婉欣

责任编辑：秦 琥 范婉欣

责任校对：刘 艳

装帧设计：刘 尚

重庆出版社 **出版**

重庆市南岸区南滨路162号1幢 邮编：400061 http://www.cqph.com

重庆出版社有限责任公司品牌设计分公司制版

天津淘质印艺科技发展有限公司印刷

重庆出版社有限责任公司发行

全国新华书店经销

开本：787mm×1092mm 1/32 印张：6 字数：103千

2025年7月第1版 2025年7月第1次印刷

ISBN 978-7-229-20191-3

定价：42.00元

如有印装质量问题，请向重庆出版社有限责任公司调换：023-61520678

伦市寄言

目录

